Willkommen im Testheft zu geni@l klick!

Inhalt

Einleitung	4
Test 1	6
Test 2	8
Test 3	10
Test 4	12
Test 5	14
Test 6	16
Test 7	18
Test 8	20
Test 9	22
Test 10	24
Test 11	26
Test 12	28
Tests Sprechen	30
Modelltest „Fit in Deutsch 1"	34
Lösungen	40
Transkripte	44
Antwortbogen	48

Einleitung

Ein Testheft – wozu?

Lernfortschrittstests helfen dem Lehrenden dabei, die Fortschritte und Leistungen der Lernenden zu überprüfen. Gleichzeitig können sie aber auch dem Lernenden aufzeigen, wo er noch Schwächen und Bedarf an Wiederholung und Vertiefung hat. Deshalb werden die Schüler und Schülerinnen in diesem Testheft ausdrücklich dazu aufgefordert, ihre Leistung anhand von drei Smileys ☺ 😐 ☹ selbst zu bewerten, so wie sie es von der jeweils letzten Seite der Arbeitsbuchkapitel her kennen.

Was finden Sie in diesem Testheft?

Das Testheft enthält zu jedem der 12 Kapitel von geni@l klick A1 einen Lernfortschrittstest, in dem der Lernstoff des jeweiligen Kapitels geprüft wird. Die Kapiteltests enthalten Aufgaben zum Hör- und Leseverstehen, zu Wortschatz und Grammatik sowie Schreibaufgaben.
Auf vielfachen Wunsch von Lehrenden nach mehr Aufgaben, die das Hörverstehen abfragen, gibt es pro Test meist mehr als eine Aufgabe zum Hören.
Ab Seite 30 finden Sie zusätzlich zu jedem schriftlichen Test eine Aufgabe, die die Fertigkeit Sprechen überprüft und trainiert. So können Sie auch die Fortschritte in der mündlichen Kompetenz Ihrer Schüler und Schülerinnen evaluieren.
Viele Aufgaben orientieren sich an den Aufgabenformaten der Prüfung *Fit in Deutsch 1*. Somit bieten die Lernfortschrittstests die Möglichkeit, die Lernenden mit den Aufgabentypen der Prüfung vertraut zu machen. Einen kompletten Modelltest zur Vorbereitung auf die Prüfung finden Sie ab Seite 34. Außerdem gibt es auf Seite 48 einen Antwortbogen, mit dem Sie die Prüfungssituation proben können, denn erfahrungsgemäß bedeutet das Lösen der Aufgaben auf einem Extrabogen eine zusätzliche Fehlerquelle.

Die Bewertung der Kapiteltests

Jeder Test besteht aus 6 bis 7 Aufgaben, die insgesamt mit 30 Punkten bewertet werden. Wird die Aufgabe zum Sprechen hinzugenommen, können die Lernenden insgesamt 36 Punkte erreichen.
Bei jeder Aufgabe steht die maximal erreichbare Punktzahl. Das erleichtert Ihnen die Bewertung und schafft auch für die Lernenden Transparenz, was und wie viel von ihnen erwartet wird.
Wir schlagen vor, die Mindestpunktzahl zum Bestehen der Tests bei 50 % anzusetzen; das entspricht 15 Punkten bzw. 18 Punkten bei Mitberücksichtigung der Aufgaben zur Fertigkeit Sprechen.

Aufgaben zur Fertigkeit Sprechen

Die Durchführung von Tests zur mündlichen Kompetenz erfordert andere Bedingungen als die der übrigen Fertigkeiten. Deshalb finden Sie die Sprechaufgaben in einem Extrateil. So können Sie entscheiden, ob Sie Ihre Lernenden im Anschluss an die übrigen Testaufgaben auch im Sprechen prüfen möchten oder die Aufgaben separat als weiteres Übungsmaterial im Unterricht einsetzen wollen. Lösungsvorschläge zu den Aufgaben finden Sie in den Lösungen ab Seite 40.

Informationen zum Modelltest

Der Modelltest ab Seite 34 bereitet auf die Prüfung *Fit in Deutsch 1* des Goethe-Instituts vor. Die Prüfung richtet sich an Jugendliche zwischen 10 und 15 Jahren und dokumentiert das Niveau A1 des Gemeinsamen Europäischen Referenzrahmens für Sprachen.

Die Prüfung *Fit in Deutsch 1* besteht aus einer schriftlichen Einzelprüfung mit den Teilen Hören, Lesen und Schreiben, die ca. 60 Minuten dauert (20 Minuten pro Fertigkeit), und einer ca. 15 Minuten dauernden, dreiteiligen mündlichen Gruppenprüfung.

Die Prüfungskomponenten und ihre Gewichtung:

Komponente	Punkte	Gesamtpunktzahl	Gewichtung
Hören	Teil 1 – 6 Punkte Teil 2 – 6 Punkte	12 x 1,5 → 18 Punkte	30 %
Lesen	Teil 1 – 6 Punkte Teil 2 – 6 Punkte	12 Punkte	20 %
Schreiben	6 Punkte	6 x 2 → 12 Punkte	20 %
Sprechen	12 Punkte	12 x 1,5 → 18 Punkte	30 %
Gesamtpunktzahl		60 Punkte	100 %

Bei einer Gesamtpunktzahl von mindestens 50 %, also 30 Punkten, gilt die Prüfung als bestanden.
Für die Teile Hören und Lesen bekommen die Schüler pro richtig gelöster Aufgabe einen Punkt. Der Teil Schreiben wird nach den Kriterien „Kommunikative Gestaltung / Inhalt und Umfang" (max. 3 Punkte) und „formale Richtigkeit" (max. 3 Punkte) bewertet. Der Text muss mindestens 30 Wörter haben. Bei weniger Wörtern gibt es Punktabzug.
Die mündliche Prüfung wird nach den Kriterien „Erfüllung der Aufgabenstellung" und „Aussprache" bewertet. Für die „Erfüllung der Aufgabenstellung" können für den ersten Teil maximal 2 Punkte, für die beiden weiteren Teile jeweils maximal 4 Punkte erzielt werden. Für die „Aussprache" kann man insgesamt maximal 2 Punkte erreichen.
Detaillierte Informationen zur Prüfung und Modelltests stellt das Goethe-Institut auf seiner Internetseite zur Verfügung.

Autorin und Verlag wünschen Ihnen und Ihren Lernenden viel Erfolg!

Name ______________________ Klasse ________ Datum ______________

2 **1 Du hörst vier Dialoge. Was ist richtig? Kreuze an: a, b oder c. Du hörst jeden Dialog zweimal.**

	a	b	c
1. Der Name ist	a Marco.	☒ b Marion.	c Marlies.
1 — 2. Die Schokolade ist aus	a Österreich.	b Deutschland.	c der Schweiz.
1 — 3. Das ist	a Bello.	b Beppo.	c Benno.
1 — 4. Janine mag	a Pizza.	b Musik.	c Sport.

___/3

3 **2 Wo ist der Akzent? Kreuze an: a oder b. Du hörst jedes Wort zweimal.**

	a	b
½ — 1.	☒ a Foto	b Foto
½+½ — 2.	a Schokolade	b Schokolade
½+½ — 3.	a bitte	b bitte
½ — 4.	a Hallo	b Hallo
5.	a Abend	b Abend
6.	a Name	b Name
7.	a Musik	b Musik

___/3

3 Lies die Anzeigen. Welche passt? Ordne zu.

1. Technik	2. Filme	3. Musik	4. Sport	5. Essen und Trinken
a				

4 x 1
___/4

4 Wie heißen die Fragen? Ergänze.

1. ● *Was* ist das? ○ Das ist ein Auto.
2. ● ______ ist das? ○ Das ist Rafael Nadal. Er kommt aus Spanien. 1
3. ● ______ ist Wien? ○ Wien ist in Österreich. 1
4. ● ______ ist das? ○ Das ist das Matterhorn. 1
5. ● ______ ist das Matterhorn? ○ Das ist in der Schweiz. 1

___/4

5 Ergänze den Minidialog.

danke • gut • ~~Hallo~~ • Morgen • Tschüs • wie • Wiedersehen

● *Hallo* (1) Bettina!
○ Guten ______ (2), Herr Schmidt, ______ (3) geht's? 1+1
● Danke ______ (4). Und dir, Bettina? 1
○ Auch gut, ______ (5)! 1
● ______ (6), Bettina, bis bald. 1
○ Auf ______ (7), Herr Schmidt. 1

___/6

6 Ergänze den Dialog.

Tschüs, Jenny! • ~~Hallo Jenny! Mein Name ist Mario.~~ • Danke gut, und dir? • Das ist Susanne, aus der Schweiz. • Ja, und du?

● Hallo, ich heiße Jenny. Wie heißt du?
○ *Hallo Jenny! Mein Name ist Mario.* (1)
● Und wer ist das?
○ ______ (2) 1
● Hallo Susanne, wie geht's?
□ ______ (3) 1
● Auch gut, danke. Magst du die Musik?
□ ______ (4) 1
● Ich auch!
○ ______ (5) 1
● Tschüs, bis bald!

___/4

7 Wie heißen die Zahlen? Ergänze.

0 n*u*ll

1 ei__s	4 v__er	7 sie__en	10 ze__n	4 x ½
2 z__ei	5 fü__f	8 __cht	11 el__	4 x ½
3 dr__i	6 s__chs	9 ne__n	12 __wölf	4 x ½

___/6

Meine Bewertung ☺ 😐 ☹

Punkte ______ **/30**

Name ____________ Klasse ________ Datum ____________

1 Vier Jugendliche stellen sich vor. Welche Informationen hörst du? Kreuze an. Du hörst jeden Dialog zweimal.

4

½ 1. a. Er heißt Markus. ☒
½ b. Er wohnt in München. ☒
½ c. Er spielt gern Tennis. ☐

½ + ½ 2. a. Sie heißt Carla. ☐
½ + ½ b. Sie kommt aus Österreich. ☐
½ + ½ c. Sie spricht Englisch. ☐
½ d. Sie mag Computer. ☐

3. a. Sie heißt Lisa. ☐
b. Sie kommt aus Berlin. ☐
c. Lisa mag Sport. ☐

4. a. Er heißt John. ☐
b. Er spricht Türkisch. ☐
c. Er mag Tiere. ☐

___/5

2 Lies die Texte und ergänze die Informationen in der Tabelle.

1. Hallo, ich bin Sven. Ich komme aus Deutschland und ich wohne in Kiel. Ich gehe in die Käthe-Kollwitz-Schule. Meine Hobbys? Ich schwimme und surfe gern. Ach ja, und ich bin 13 Jahre alt.

2. Servus, ich heiße Lina und komme aus Österreich. Ich wohne in Wien. Ich bin 16 Jahre alt und ich gehe ins Gymnasium. Ich fotografiere gern und ich bin in der Foto-AG. Sport mag ich auch.

3. Grüezi, mein Name ist Chantal. Und das ist meine Freundin Florence. Sie kommt aus Frankreich und geht in meine Klasse. Ich wohne in Bern. Bern liegt in der Schweiz. Ich spreche Deutsch und Französisch. Ich mag Sprachen. Ach ja, Englisch spreche ich auch.

4. Guten Tag, mein Name ist Elin Hellberg. Ich bin 32 Jahre alt. Ich komme aus Schweden, aber ich wohne und arbeite jetzt in Barcelona. Ich spreche Schwedisch und ein bisschen Katalanisch und Spanisch. Ich spiele sehr gern Klavier.

	Name	kommt aus	wohnt in	mag
	Sven	– Deutschland	– Kiel	– schwimmen – surfen
3 x ½ ½	Lina	–	–	– –
3 x ½	Chantal	–	–	–
3 x ½	Elin	–	–	–

___/5

3 Fragen und Antworten. Ergänze die Fragen.

1. ● Wie ist dein Name? ○ Ich heiße Anne.
1 2. ● ________ kommst du? ○ Ich komme aus der Schweiz.
1 3. ● ________ wohnst du? ○ In Genf.
1 4. ● ________ magst du? ○ Ich höre gern Musik und ich spiele Gitarre.
1 5. ● ________ geht es dir? ○ Super, danke! Und dir?
1 6. ● Und ________ ist das? ○ Das ist meine Katze. Sie heißt Tapsi.

___/5

4 Ergänze die Verben in der E-Mail von Laura.

Hallo,
ich heiße___ (1) Laura. Ich komme___ (2) aus Deutschland. Ich b____ (3) 14 Jahre alt und geh____ (4) auf das Gymnasium. Ich m____ (5) Sprachen. Ich sprech____ (6) Deutsch, Englisch und Spanisch. Und schau hier, das Foto: Das i____ (7) meine Freundin Olga, sie geh____ (8) in meine Klasse. Sie fotografier____ (9) gern.
Und du? Wie heiß____ (10) du? Woher komm____ (11) du? Was mach____ (12) du gern?
Schreib mir!
Viele Grüße
Laura

½ + ½
½ + ½
½ + ½
½
3 x ½

___/5

5 Und du? Antworte Laura. Schreib eine E-Mail mit diesen Informationen: Name, Wohnort, Land, Hobbys, Sprachen.

Liebe Laura,
ich ______________________ 1
______________________ 1
Ich ______________________ 1
______________________ 1
______________________ 1
Tschüs und viele Grüße

___/5

6 Länder in Europa: Ergänze die Namen.

1. Österreich______	7. Ital__________
2. Eng__________	8. Deutsch__________
3. Span__________	9. Norwe__________
4. Pol__________	10. die Tür__________
5. Russ__________	11. Belg__________
6. Frank__________	

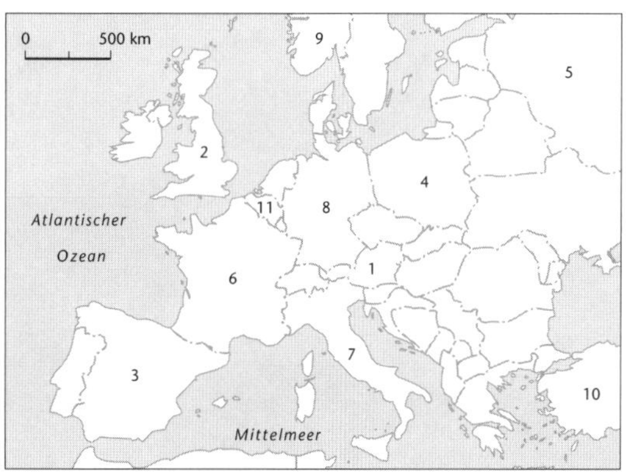

½
½ + ½
½ + ½
½ + ½
½ + ½
½

___/5

Meine Bewertung ☺ 😐 ☹
Punkte ________/30

Name ______________________ Klasse ________ Datum ______________

5

1 Was ist in Saras Klasse? Hör zu und kreuze an. Du hörst den Text zweimal.

Da ist …

½ 1. eine Tafel. ☒ 7. ein Computer. ☐
½+½ 2. ein Tisch. ☐ 8. ein Plakat. ☐
½+½ 3. ein Stuhl. ☐ 9. eine Schultasche. ☐
½+½ 4. ein Schrank. ☐ 10. ein Deutschbuch. ☐
½+½ 5. ein Regal. ☐ 11. eine Lehrerin. ☐
½ 6. ein Fenster. ☐

___/5

6

2 Komposita. Wo ist der Wortakzent? Markiere. Du hörst jedes Wort zweimal.

½+½ 1. Schultasche 4. Sporthose 7. Deutschbuch
3 x ½ 2. Wörterbuch 5. Mathebuch 8. Bleistift
3 x ½ 3. Vokabelheft 6. Stundenplan 9. Radiergummi

___/4

3 Was ist das? Schreib das Wort und den bestimmten Artikel.

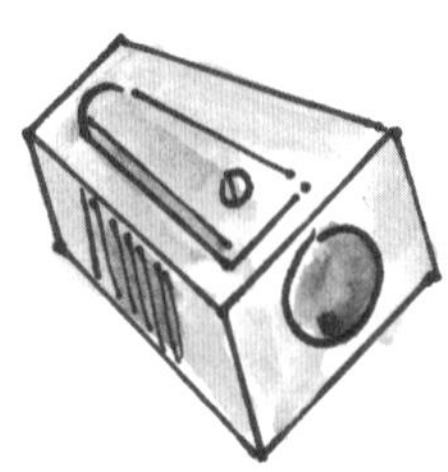

1+1 1. das Vokabelheft 2. ______ ______________ 3. ______ ______________

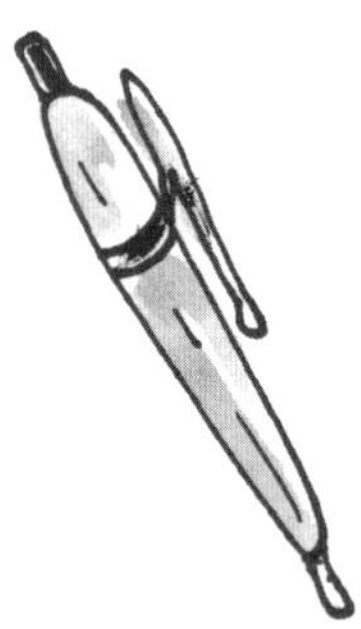
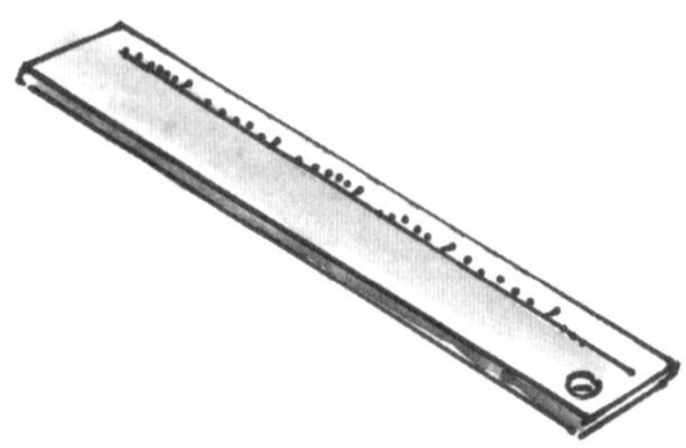

1+1+1 4. ______ ______________ 5. ______ ______________ 6. ______ ______________

___/5

4 Ergänze die Antworten. Schreib die Sätze wie im Beispiel.

1. ● Ist das ein Bleistift?
   ○ Nein, das ist kein Bleistift.
   Das ist ein Füller.

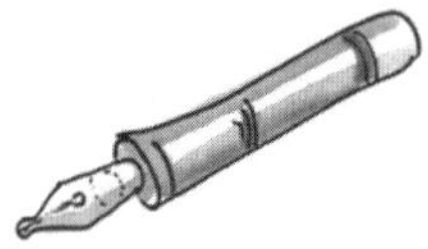

2. ● Was ist denn das? Ist das ein Marker?
   ○ Nein, das ist ______________________. 1
   Das ist ______________________. 1

3. ● Ist das ein Regal?
   ○ Nein, das ist ______________________. 1
   Das ist ______________________. 1
4. ● Was ist das? Ist das ein Handy?
   ○ Nein, das ist doch ______________________! 1
   Das ist ______________________. 1

___/6

5 Ordne die Fragen.

1. Sebastian • wo • wohnt • ?
   Wo wohnt Sebastian?
2. Sport • mag • Sebastian • ?
   ______________________ 1
3. zum Konzert • er • kommt • ?
   ______________________ 1
4. ist • das • wer • ?
   ______________________ 1
5. Paul • kommt • aus der Schweiz • ?
   ______________________ 1
6. spielt • gern Gitarre • er • ?
   ______________________ 1

___/5

6 Finde für jede Antwort eine Frage aus Aufgabe 5.

1. Er wohnt in Hamburg. → Frage 1
2. Nein, er kommt aus Frankreich. Er wohnt in Grenoble. → ______________________ 1
3. Das ist Paul. Er ist mein Freund. → ______________________ 1
4. Nein, aber er spielt gern Klavier. → ______________________ 1
5. Ja, er liebt die Musik von „Tokio Hotel". → ______________________ 1
6. Ja, er spielt Fußball und er surft und schwimmt gern. → ______________________ 1

___/5

Meine Bewertung ☺ 😐 ☹
Punkte ______/30

Name ______________________ Klasse ________ Datum ______________

1 Welche Zahlen hörst du? Kreuze an. Du hörst die Zahlen zweimal.

7

10 • 11 • 12 • 13 • ~~14~~ • 15 • 16 • 17 • 18 • 19
20 • 21 • 22 • 23 • 24 • 25 • 26 • 27 • 28 • 29
30 • 31 • 32 • 33 • 34 • 35 • 36 • 37 • 38 • 39
6 x 1 40 • 41 • 42 • 43 • 44 • 45 • 46 • 47 • 48 • 49

___/6

2 Hör zu: Wie spät ist es? Kreuze an: a oder b. Du hörst die Dialoge zweimal.

8

1. Es ist [X] a 12.55 Uhr.
   [b] 12.45 Uhr.
1 2. Es ist [a] 17.15 Uhr.
   [b] 17.50 Uhr.
1 3. Es ist [a] 10.15 Uhr.
   [b] 9.45 Uhr.
1 4. Es ist [a] 17.30 Uhr.
   [b] 18.30 Uhr.
1 5. Es ist [a] 20.00 Uhr.
   [b] 2.00 Uhr.

___/4

3 Wie spät ist es? Schreib die Uhrzeit wie im Beispiel.

1+1 1. Es ist zehn vor zehn. 2. Es ist ______________ 3. ______________

1+1+1 4. ______________ 5. ______________ 6. ______________

___/5

4 Lies den Text und die Sätze. Kreuze an: richtig oder falsch?

Hallo, ich bin Björn. Und das ist mein Freund Lukas. Lukas und ich gehen auf das Friedrich-Schiller-Gymnasium. Ich bin in der Klasse 10b und Lukas auch. Ich mag die Schule. Die Lehrer sind nett und meine Freunde sind super. Wir haben von Montag bis Freitag Schule. Am Samstag ist frei. Der Unterricht beginnt um zehn vor acht. Am Montag und am Mittwoch haben wir auch am Nachmittag Schule. Am Dienstag, Donnerstag und Freitag haben wir nur sechs Stunden, bis dreizehn Uhr. Ich mag Sport und Sprachen. Wir lernen Englisch und Spanisch, aber kein Französisch. Sport haben wir am Dienstag und am Freitag. Das macht viel Spaß!

	richtig	falsch	
1. Björn und Lukas sind Freunde.	☒	☐	
2. Björn und Lukas gehen in die 10. Klasse.	☐	☐	1
3. Sie haben auch am Samstag Schule.	☐	☐	1
4. Am Donnerstag haben sie von 7.50 bis 13 Uhr Schule.	☐	☐	1
5. Björn lernt gern Sprachen.	☐	☐	1
6. In der Schule lernen sie Englisch und Französisch.	☐	☐	1

___/5

5 Ergänze die Verben in der richtigen Form.

1. Die Schüler *machen* Interviews. (machen)
2. Marie und Pierre, woher ________________ ihr? (kommen) 1
3. Anja, ________________ du Gitarre? (spielen) 1
4. Wann ________________ der Unterricht? (beginnen) 1
5. Wie ________________ die Schüler Mathe? (finden) 1
6. Herr Winter, ________________ Sie nette Schüler? (haben) 1

___/5

6 Wie heißen die Wörter im Plural?

1. das Buch *die Bücher*
2. das Foto ________________ 1
3. der Tisch ________________ 1
4. die Zahl ________________ 1
5. der Lehrer ________________ 1
6. die Schülerin ________________ 1

___/5

Meine Bewertung ☺ 😐 ☹

Punkte ________/30

Name ______________________ Klasse ________ Datum ______________

9

1 Du hörst zwei Gespräche. Zu jedem Gespräch gibt es Aufgaben. Kreuze an: richtig oder falsch. Du hörst jedes Gespräch zweimal.

	1.	richtig	falsch
	a. Claudia geht es gut.	☐	☒
1	b. Claudia findet ihren Hund nicht.	☐	☐
1	c. Claudia und Marco suchen Bello im Park.	☐	☐
1	d. Bello ist groß und sein Fell ist weiß.	☐	☐
	2.	richtig	falsch
1	a. Die Schule beginnt um Viertel vor acht.	☐	☐
1	b. Tom sucht sein Englischbuch.	☐	☐
1	c. Das Buch ist orange.	☐	☐

___/6

2 Wie heißen die Tiere? Schreib die Namen und den bestimmten Artikel.

1. DERPF *das Pferd*
½ 2. ETZAK ______________
½ 3. EPAGIPA ______________
½ 4. FENTALE ______________
½ 5. ODILKORK ______________
½ 6. WENISCH ______________
½ 7. SCHIF ______________
½ 8. LEVOG ______________
½ 9. HUK ______________
½ 10. LEIFGE ______________
½ 11. TENE ______________

___/5

3 Welche sieben Farben findest du? Markiere und notiere sie.

L	A	L	I	G	E	G	B	Ü	N	N	D	V	E	L
A	F	M	R	O	A	E	N	M	U	A	L	O	R	G
E	G	T	C	H	B	L	A	U	M	I	O	S	C	H
T	R	I	G	R	Ü	B	T	W	E	S	R	N	G	U
L	A	B	U	W	E	E	S	C	H	W	A	R	Z	I
B	U	N	R	O	T	T	A	R	N	I	N	B	E	N
P	M	U	R	A	N	G	Q	U	N	A	G	E	I	W
S	C	H	U	G	G	R	Ü	N	X	T	E	V	Z	I
Y	U	D	B	O	H	C	S	Ö	U	K	M	L	A	U

grau
½ ______________
½ ______________
½ ______________
½ ______________
½ ______________
½ ______________

___/3

4 Zwei Minidialoge. Ergänze *ein* und *kein* in der richtigen Form.

A

● Hast du *ein* (1) Haustier?

○ Ja, ich habe ______ (2) Pferd, ½

______ (3) Katze und ______ (4) ½ + ½

Papagei. Und du? Hast du Haustiere?

● Nein, ich habe ______ (5) Haustier. ½

B

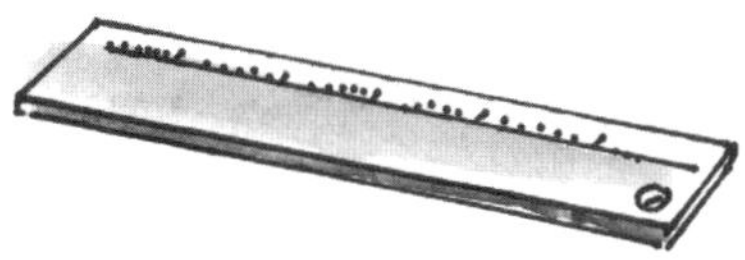

● Was suchst du?

○ Ich suche ______ (6) Schere und ½

______ (7) Lineal. ½

● Hier! Hier ist ______ (8) Schere! ½

Und hier ist ______ (9) Lineal! ½

○ Hast du auch ______ (10) Bleistift? ½

● Nein, ich habe ______ (11) Bleistift! ½

___/5

5 Ergänze den Possessivartikel.

dein • Ihre • ihren • ~~meine~~ • sein • seine

1. Ich bin Lena. Und das ist *meine* Katze. Sie heißt Lilli.
2. Das ist Stefan. Und das ist ______ Hund. Er ist drei Jahre alt. 1
3. Meike liebt ______ Papagei. Er ist bunt und kann gut sprechen. 1
4. Herr Bauer sucht ______ Kuh. Sie ist schwarz und weiß und macht „Muh!". 1
5. Johanna hat fünf Fische. ______ Fische sind orange und können gut schwimmen. 1
6. Und du? Hast du ein Haustier? Wie heißt ______ Tier? 1

___/5

6 Schreib einen Text über Vera.

1 *Vera*
2 *15, Hamburg*
3 *Tiere ☺*
4 *Pferd: Serafina*
5 *Fell: grau*
6 *Hund: groß*
7 *Katzen ☹*

1. *Das ist Vera.*
2. *Sie ist* ______
   ______ ½ + ½
3. ______ 1
4. ______
   ______ 1
5. ______ 1
6. ______
   ______ 1
7. ______ 1

___/6

Meine Bewertung ☺ 😐 ☹

Punkte ______ /30

Name ______________________ Klasse ________ Datum ______________

(CD) 10

1 Du hörst zwei Gespräche. Zu jedem Gespräch gibt es Aufgaben. Kreuze an: a, b oder c. Du hörst jedes Gespräch zweimal.

A

1+1 1. Felix telefoniert mit …

- [a] Jochen.
- [X] Jonas.
- [c] Jens.

2. Felix geht am Samstag …

- [a] ins Kino.
- [b] tanzen.
- [c] ins Konzert.

3. Sein Freund …

- [a] kommt mit.
- [b] spielt bis 8 Uhr Tennis.
- [c] hat keine Zeit.

B

1+1+1 4. Sara schwimmt …

- [a] jeden Tag.
- [b] nicht gern.
- [c] sehr gern.

5. Kathi und Monika gehen …

- [a] ins Schwimmbad.
- [b] in den Freizeitpark.
- [c] in die Schule.

6. Sara …

- [a] kommt mit.
- [b] hat keine Zeit.
- [c] lernt Mathe.

___/5

2 Ordne den Dialog.

a. Hallo Barbara, hier ist Sonja.

½ b. Ich hole dich um 15 Uhr ab. Und dann gehen wir zu Karin und holen sie ab.

½ c. Die Jungen kommen auch?! Super, dann bis 15 Uhr.

½ d. Hallo Sonja, wie geht's?

½ e. Bis dann, tschüs!

½ f. Karin und ich gehen in die Stadt, shoppen und ins Eiscafé. Kommst du mit?

½ g. Ja, warum?

½ h. Nein, Jenny kann leider nicht. Sie hat Klavierunterricht. Aber vielleicht kommen Max und Lukas auch ins Eiscafé.

½ i. Gut! Hast du heute Nachmittag Zeit?

½ j. Shoppen? Hm, vielleicht. Wann denn?

½ k. Kommt Jenny auch mit?

1.	2.	3.	4.	5.	6.	7.	8.	9.	10.	11.
a										

___/5

3 Ergänze *nicht* oder *kein* in der richtigen Form.

1. Fabian spielt nicht __________ gern Fußball.

1 2. Es ist schon 11 Uhr, aber Mario steht __________ auf.

1+1 3. Jasmin hat __________ Kamera. Sie kann __________ fotografieren.

1+1 4. Heute geht Laura __________ in die Schule. Es ist Samstag und sie hat __________ Unterricht.

1 5. Sophie mag __________ Wasser, aber Cola trinkt sie gern.

___/6

4 Wohin gehen die Leute? Ergänze die Sätze. Einmal passt nichts.

1. Paula mag „Tokio Hotel". Sie geht *ins* ____ Konzert.
2. Carl liebt Tiere. Er geht ____ Zoo. ½
3. Ich gehe ____ skaten. Kommst du mit? ½
4. Wir kaufen ein. Wir fahren ____ Stadt. ½
5. Samuel spielt Fußball. Er geht ____ Sportplatz. ½
6. Picasso? Bilder? Wir gehen ____ Museum. ½
7. Tom macht eine Party. Max und Peter gehen ____ Tom. ½

auf den · – · ins · in die · in den · ~~ins~~ · zu

___/3

5 Lies die E-Mail von Sabine. Ergänze die Verben in der richtigen Form.

abholen • anmachen • aufhören • ~~aufstehen~~ • freihaben • mitkommen

Hallo,
ich bin Sabine und das ist mein Tagesablauf: Also, ich *stehe* ____ jeden Tag um 6.30 Uhr
auf ____ (1). Ich ____ meine Freundin Maren ____ (2) und wir gehen in die 1
Schule. Der Unterricht beginnt um 7.45 Uhr und ____ um 13.00 Uhr ____ (3). Am 1
Nachmittag ____ ich ____ (4). Dann mache ich oft Sport: Ich gehe schwimmen, 1
skate oder spiele Fußball. Maren ____ manchmal ____ (5). Ich lese auch gern 1
oder ich ____ das Radio ____ (6) und höre Musik. Und du? Was machst du gern? 1
Liebe Grüße
Sabine

___/5

6 Antworte Sabine. Schreib etwas zu den folgenden Punkten:

- Wie heißt du und woher kommst du? 1+1
- Wann stehst du auf? 1+1
- Wann hast du Schule? 1+1
- Dein Nachmittag: – Wohin gehst du?
  – Was machst du gern?
  – Was machst du nicht gern?

Liebe Sabine,
ich ____
Das ist mein Tagesablauf: ____
____
Und das mache ich am Nachmittag: ____
____
____
____
Viele Grüße
____

___/6

Meine Bewertung ☺ 😐 ☹
Punkte ____/30

Name ______________________ Klasse ________ Datum ______________

11

1 Hör den Dialog im Kaufhaus und lies die Aufgaben. Kreuze an: richtig oder falsch? Du hörst den Dialog zweimal.

		richtig	falsch
	1. Robby sucht einen Pullover.	☒	☐
1	2. Lisa findet Grau gut.	☐	☐
1	3. Robby mag Blau lieber als Rot.	☐	☐
1	4. Robby kauft auch eine Hose.	☐	☐

___/3

12

2 Was machen die Jugendlichen am Nachmittag? Hör zu und notiere die Informationen. Du hörst jeden Text zweimal.

	1. Susanne	– Tennis spielen – joggen
1	2. Paul	–
1 1	3. Clara	– –
1 1	4. Finn	– –

___/5

3 Lies den Text und ergänze den Steckbrief.

Hallo, ich heiße Ines. Ich komme aus Hamburg, aber jetzt wohne ich in Stuttgart. Hier gehe ich auch ins Gymnasium. Ich gehe gern in die Schule. Meine Lehrer sind sehr nett und ich habe zwei sehr gute Freundinnen: Silvia und Karo. Englisch ist mein Lieblingsfach. Französisch spreche ich auch gut, aber Spanisch kann ich leider nicht.
Am Nachmittag übe ich Gitarre oder ich treffe meine Freundinnen. Silvia fährt Skateboard, aber Karo und ich nicht. Am Wochenende gehe ich gern shoppen. Ich lese auch viel. Bücher lese ich lieber als Comics, aber ich habe kein Lieblingsbuch. Karo hat einen Hund. Sein Name ist Pato und er ist schwarz und sehr süß. Karo sagt, sie mag Hunde lieber als Katzen. Ich habe leider kein Haustier, aber Pferde liebe ich. Und Farben? Orange gefällt mir sehr, Grün und Lila finde ich blöd.

STECKBRIEF

1. Vorname: Ines
½ 2. Stadt: ______________
½+½ 3. Sprachen: – ________ – ________
½+½ 4. Hobbys: – ________ – ________
½+½ – ________ – ________
½ 5. Lieblingsbuch: ______________
½ 6. Lieblingstier: ______________
½ 7. Lieblingsfarbe: ______________

___/5

4 **Wie heißen die Kleidungsstücke? Schreib die Wörter mit dem bestimmten Artikel.**

1. das T-Shirt

4. ____ ________ 1
2. ____ ________ 1
5. ____ ________ 1
3. ____ ________ 1
6. ____ ________ 1

___/5

5 **Ergänze *gut, besser, gern* und *lieber.***

1. Nina geht lieber ins Kino ☺ als ins Theater 😐.
2. Joggen finde ich ________ ☺, aber Fahrrad fahren finde ich ________ ☺☺. 1+1
3. Ich lerne ________ Englisch ☺, aber Deutsch lerne ich ________ ☺☺. 1+1
4. Die Bluse ☺ gefällt mir ________ als das T-Shirt 😐. 1

___/5

6 **Was macht Marc am Wochenende? Schreib Sätze.**

1. (keine Schule haben)
   Am Samstag hat Marc keine Schule.
2. (lang schlafen)
   Am Morgen ________ 1
3. (sein Fahrrad nehmen / und / in den Park fahren)
   Am Nachmittag ________ 1+1
   ____
4. (seine Freunde treffen)
   Um 16 Uhr ________ 1
5. (Fußball spielen)
   Von 16 bis 18 Uhr ________ 1
6. (einen Film sehen)
   Am Abend ________ 1
7. (faulenzen)
   Am Sonntag ________ 1

___/7

Meine Bewertung ☺ 😐 ☹

Punkte ______ /30

Name ______________ Klasse ________ Datum ______________

1 Hör zu und notiere die Informationen. Du hörst den Text zweimal.

13

1. Name: *Annika*
½ 2. Alter: ______________
½ 3. Geschwister: Name: ______________
½ Alter: ______________
½ Name: ______________
½ Alter: ______________
½+½ 4. Eltern: Name: ______________ Name: ______________
½+½ 5. Hobbys: – ______________ – ______________
½ 6. Tiere in der Familie: ______________

___/5

2 Imperative. Was hörst du? Kreuze an: du-Form, ihr-Form oder Sie-Form. Du hörst die Sätze zweimal.

14

Punkte		du-Form	ihr-Form	Sie-Form
	1.	☒	☐	☐
½	2.	☐	☐	☐
½	3.	☐	☐	☐
½	4.	☐	☐	☐
½	5.	☐	☐	☐
½	6.	☐	☐	☐
½	7.	☐	☐	☐

___/3

3 Lies die Anzeige. Was ist richtig: a, b oder c? Kreuze an.

Neu!

Party bei Oma **– Der lustige Film für Ihre Familie**

Oma will eine Party feiern. „Das ist super!", denken die Brüder Franz und Anton. Aber ihre Eltern finden das nicht gut. Die Großeltern sind 80 Jahre alt. Und dann eine Party? Das ist viel Arbeit. Franz, Anton und ihre Cousine Sabine haben eine Idee: Oma mag Blumen und Tante Margret hat einen großen Garten … Lesen Sie mehr unter: www.omasparty.com

Anderson-Kino, Bonner Str. 7, Tel.: 4563296

Montag–Donnerstag: 15.50 Uhr
Freitag/Samstag: 15.50 und 18.00 Uhr

1 1. Das ist eine Anzeige für
- [a] eine Party.
- [☒ b] einen Kinofilm.
- [c] ein Buch.

1+1 2. Der Film ist
- [a] nur für Erwachsene.
- [b] für Erwachsene und Kinder.
- [c] für Jugendliche.

3. Franz und Anton sind
- [a] Großeltern.
- [b] Cousins.
- [c] Geschwister.

4. Der Film kommt
- [a] von Montag bis Samstag.
- [b] jeden Tag.
- [c] nur am Wochenende.

___/3

4 Wie heißen die Räume? Schreib auch den bestimmten Artikel.

1. Hier duscht man: das Bad
2. Hier kocht man: ______ ______ 1
3. Hier schläft man: ______ ______ 1
4. Hier ist die Familie zusammen, sieht fern …: ______ ______ 1
5. Hier gibt es Blumen und es ist grün: ______ ______ 1

___/4

5 Schreib Imperative.

1. du-Form
   a. Claus • eine E-Mail • schreiben: Bitte schreib Claus eine E-Mail!
   b. dein Zimmer • aufräumen: Bitte ______ 1
2. ihr-Form
   a. leise • sein: Bitte ______ 1
   b. kommen • pünktlich: Bitte ______ 1
3. Sie-Form
   a. anrufen • meine Eltern: Bitte ______ 1
   b. das Wort • buchstabieren: Bitte ______ 1

___/5

6 Ergänze: Wer ist wo?

Ich bin Janine, ich bin in der Mitte (1). Und das ist meine Familie: ______ (2) steht mein Bruder Patrick. 1
______ (3) ist mein Vater. Meine Mutter steht 1
______ (4) und ______ (5) ist 1+1
unser Hund Pepsi.

___/4

7 Schreib einen Text über dich und deine Familie. Beantworte jede Frage. Schreib 30 Wörter oder mehr.

1. Wie heißt du?
2. Wie alt bist du?
3. Wie heißen deine Eltern?
4. Hast du Geschwister?
5. Wo wohnt ihr?
6. Welche Zimmer gibt es?

½+1+1
½+1+2

______
______
______
______
______
______
______

___/6

Meine Bewertung ☺ 😐 ☹

Punkte ______ /30

Name ______________________ Klasse ________ Datum ____________

1 Julias Geburtstagsparty. Lies die Aufgaben und hör die drei Nachrichten am Telefon. Kreuze an: a, b oder c. Du hörst jede Nachricht zweimal.

15

A 1. Julia feiert ihren Geburtstag

- [a] im Sommer. [X] am Samstag. [c] am Montag.

1 2. Warum kommt Urs nicht?

- [a] Er ist krank. [b] Er isst nicht gern Kuchen. [c] Er mag keine Partys.

1 B 3. Anke kommt

- [a] um 18 Uhr. [b] um 19 Uhr. [c] um 20 Uhr.

1 4. Was bringt Anke mit?

- [a] Ein Klavier. [b] Ihren Hund. [c] Saft und Cola.

1 C 5. Warum kommt Michael nicht?

- [a] Er hat auch Geburtstag. [b] Er hilft zu Hause. [c] Er lernt Mathe.

1 6. Wann ruft Michael wieder an?

- [a] Am Montag. [b] Am Mittwoch. [c] Am Samstag.

___/5

2 Jakob hat Geburtstag. Lies Jakobs Antworten. Schreib deine Fragen.

1. (du): *Was machst du?*
   Jakob: Ich mache eine Party.
1½ 2. (du): ______________________
   Jakob: Ich feiere bei mir zu Hause im Garten!
1½ 3. (du): ______________________
   Jakob: Um 20 Uhr.
1½ 4. (du): ______________________
   Jakob: Wir dürfen bis 23 Uhr feiern. Dann ist Schluss.
1½ 5. (du): ______________________
   Jakob: Marco, Sanne und Julie kommen und Lukas und Anna ...

___/6

3 Lies die Situationen. Was sagst du? Schreib gute Wünsche.

1. Ulrike hat Geburtstag. *Herzlichen Glückwunsch!*
1 2. Dein Freund hat Bauchschmerzen. ______________________
1 3. Morgen schreibt dein Bruder einen Englischtest. ______________________
1 4. Ulf und Timo haben Ferien und fahren nach Schweden. ______________________

___/3

4 Ergänze die Monatsnamen und Jahreszeiten.

	der Winter	der *Frühling*	der Sommer	der ________
½				
½+½	________	________	Juni	September
½+½	Januar	April	________	________
½	________	Mai	August	November

___/3

5 **Welche neun Körperteile findest du? Markiere und notiere mit Artikel.**

B	D	R	F	B	H	Y	Z	A	H	N	J	I	M	B	Z	V	A
E	Q	K	O	P	F	M	E	G	S	U	K	O	Ä	B	C	H	E
I	M	I	N	S	W	K	J	M	H	A	L	S	B	A	N	T	C
N	I	A	U	G	E	U	F	L	R	R	Z	A	M	U	X	T	Ü
O	N	H	G	V	R	B	A	T	Y	M	S	R	Ü	C	K	E	N
I	E	D	A	H	A	N	D	E	W	U	B	E	R	H	T	I	P

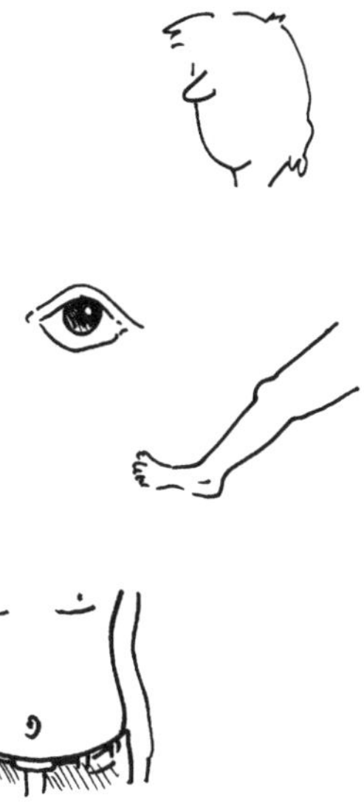

1. *die* *Hand*   6. ____ ________ ½
2. ____ ________   7. ____ ________ ½ + ½
3. ____ ________   8. ____ ________ ½ + ½
4. ____ ________   9. ____ ________ ½ + ½
5. ____ ________ ½

___/4

6 **Ergänze *haben* oder *sein* im Präteritum.**

● Hallo Luise, wie geht's? Wo *warst* (1) du am Samstag?
○ Hi Jenny. Ich ________ (2) zu Hause. Ich ________ (3) Fieber. Aber jetzt geht es mir besser. ½ + ½
Wie ________ (4) deine Party? ½
● Super! Ich ________ (5) viel Spaß! ½
○ Wer ________ (6) denn da? ½
● Maren, Jens, ... alle. Nur du ________ (7) nicht da. ½
○ Ja, schade. Und Manuel, ________ (8) Manuel da? ½
● Manuel? Ach so, nein, Manuel ________ (9) keine Zeit. ½

___/4

7 **Schreib die Sätze mit Modalverben richtig.**

1. ich • gut • Klavier • spielen • können • .
   Ich kann gut Klavier spielen.
2. du • morgen • für den Mathetest • lernen • müssen • .
   ________________________________ 1
3. Katja • heute Abend • ins Konzert • gehen • dürfen • .
   ________________________________ 1
4. du • nicht zur Party • kommen • können • .
   ________________________________ 1
5. ich • meine Freunde • einladen • dürfen • .
   ________________________________ 1
6. Niklas • am Montag • früh • aufstehen • müssen • .
   ________________________________ 1

___/5

Meine Bewertung ☺ 😐 ☹
Punkte ______ /30

Name ____________ Klasse ________ Datum ____________

16

1 Du hörst zwei Gespräche. Lies die Aufgaben und kreuze an: richtig oder falsch? Du hörst jedes Gespräch zweimal.

		richtig	falsch
	1.		
	a. Stefanie wohnt im Zentrum.	☒	☐
1	b. Stefanie mag das Zentrum.	☐	☐
1	c. Stefanie fährt mit dem Fahrrad zur Schule.	☐	☐
1	d. Stefanie kann im Zentrum Sport machen.	☐	☐
	2.		
1	a. Jan geht zu Fuß zur Schule.	☐	☐
1	b. Jan nimmt auch den Bus.	☐	☐
1	c. Die Bushaltestelle ist an der Kreuzung.	☐	☐

___/6

2 Welcher Raum ist wo? Lies den Text und ergänze die Informationen im Bild.

Hallo, ich bin Martin und ich gehe in die Görres-Schule. Meine Schule ist nicht so groß, aber wir haben eine Sporthalle, einen Musikraum und einen Computerraum. Ich beschreibe dir meine Schule:
Also, ich gehe in die Klasse 8a und mein Klassenzimmer ist im Erdgeschoss, gleich links neben dem Eingang. Rechts neben dem Eingang ist das Sekretariat. Der Musikraum und ein Biologieraum sind im zweiten Stock. Biologie mag ich nicht so gern, aber Musik finde ich spitze. Mit dem Computer arbeite ich auch gern. Der Computerraum ist im ersten Stock. Er ist unter dem Musikraum. Das Lehrerzimmer ist auch im ersten Stock. Es ist rechts neben dem Computerraum und über dem Sekretariat. Ein Schwimmbad haben wir leider nicht, aber unsere Sporthalle ist sehr groß. Sie ist in dem Gebäude neben der Schule. Und hinter der Sporthalle ist ein Tennisplatz, aber den Tennisplatz kannst du jetzt nicht sehen. ☺

1+1

1+1

1+1

___/6

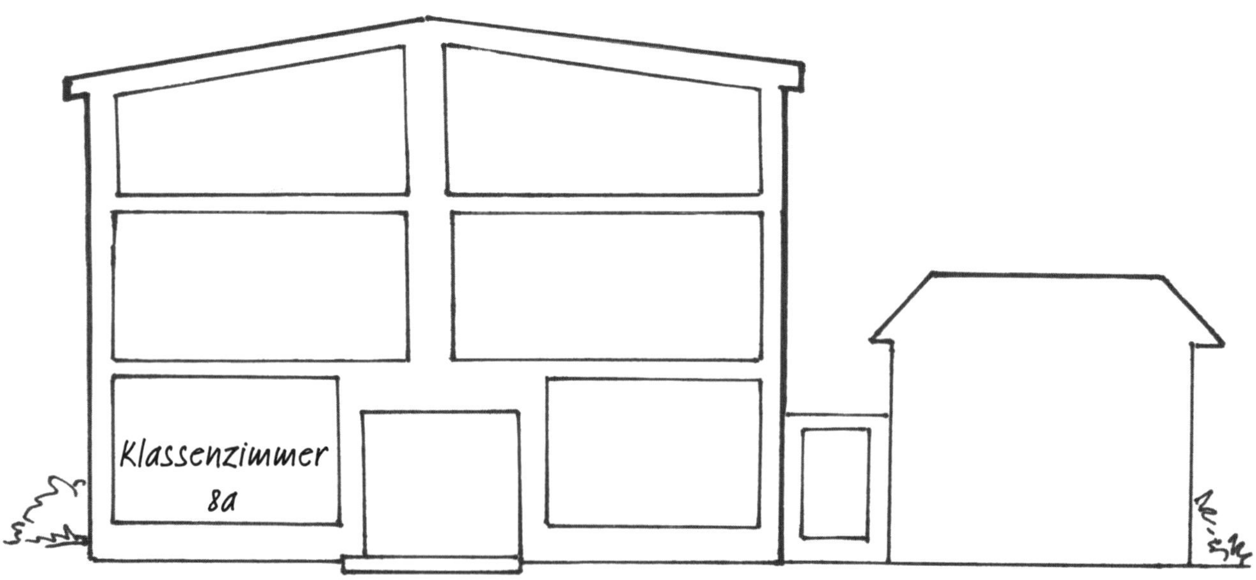

3 **Wo kann man ...? Wo gibt es ...? Antworte wie im Beispiel.**

1. Wo kann man einen Film sehen? *Im Kino.*
2. Wo kann man Musik hören und tanzen? ________ 1
3. Wo kann man schwimmen? ________ 1
4. Wo kann man ein Medikament kaufen? ________ 1
5. Wo bekommt man Brot und Brötchen? ________ 1
6. Wo bekommt man alle Lebensmittel? ________ 1

___/5

4 **Wo ist Maunzi? Schreib.**

Maunzi ist ...

1. *vor dem Buch.*

2. ________

3. ________ 1+1

4. ________

5. ________

6. ________ 1+1+1

___/5

5 **Wie heißen die Lebensmittel? Schreib auch den bestimmten Artikel.**

1. TURWS	*die*	*Wurst*	4. FALPE	____	________	1
2. ÄSEK	____	________	5. CHILM	____	________	1+1
3. ÖBNRHCET	____	________	6. KURQA	____	________	1+1

___/5

6 **Wo ist die Schule? Ergänze die Wegbeschreibung.**

Zuerst gehst du *geradeaus* (1). An der ________ (2) biegst du ________ (3) ab. ½+½
Du gehst wieder ________ (4). Dann kommt eine ½
________ (5). Hier gehst du ________ (6). ½+½
Links kommt dann die Post und ________ (7) der ½
Post ist meine Schule.

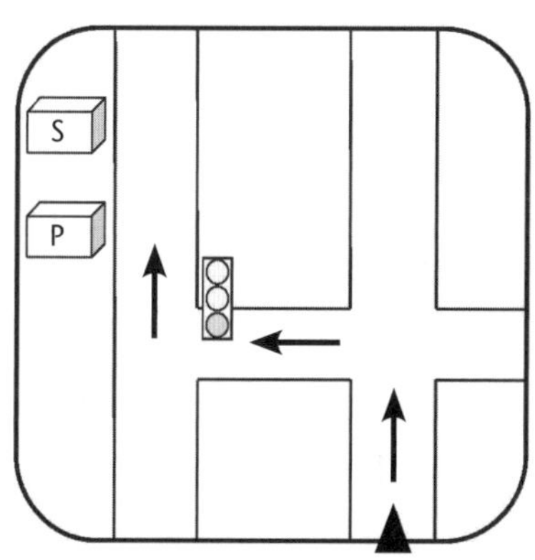

___/3

Meine Bewertung ☺ 😐 ☹

Punkte ______/30

Name ______________________ Klasse ________ Datum ______________

17

1 Was wollen die Jugendlichen essen und trinken? Hör zu und notiere. Du hörst das Gespräch zweimal.

		Daniel	Lukas	Anna
1+1	Getränk	*Cola*		
1+1+1	Essen			

___/5

18

2 Wo liegen die Städte? Hör die Dialoge und schreib die Zahlen in das passende Feld.

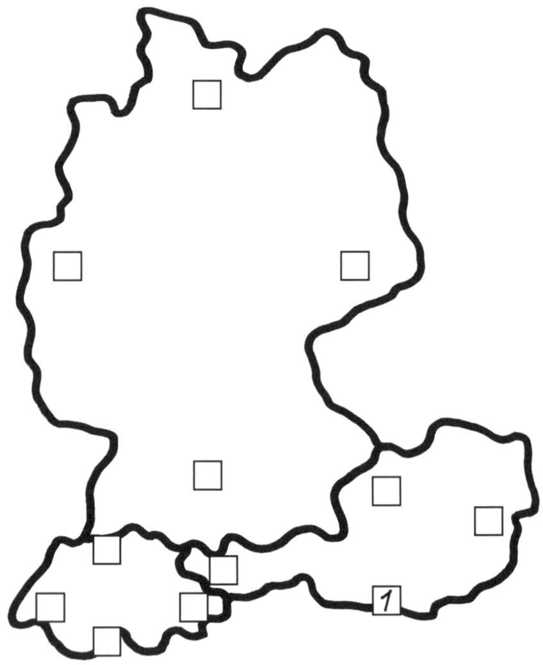

3 x 1
___/3

3 Lies die E-Mail. Kreuze an: richtig oder falsch?

Hallo Anja,
wie geht's? Hast du schon Ferien? Mir geht es gut, aber ich war krank. Naja, ich hatte Fieber und war zu Hause. Aber jetzt geht es mir wieder gut. Heute ist schon Donnerstag und morgen haben wir endlich Ferien. Sechs Wochen keine Schule! Toll! Ich fahre am Samstag mit meinen Eltern und meiner Schwester Lea an die Ostsee. Wir fahren mit dem Auto und bleiben fast drei Wochen dort. Ich freue mich! Nur unsere Katze muss leider zu Hause bleiben. :-(
Unser Hotel sieht auf den Fotos im Internet super aus. Einen Tennisplatz gibt es auch. Das finden Papa und ich sehr gut. Lea möchte reiten. Mama möchte faulenzen und ihr neues Buch lesen. Und Papa will jeden Tag Fisch essen. Fischsuppe und Fischbrötchen sind typisch dort. Igitt! Wir anderen nehmen lieber eine Currywurst!
Ich schreibe dir eine Postkarte!
Deine Valerie

		richtig	falsch
	1. Valerie ist krank.	☐	☒
1	2. Die Ferien beginnen am Freitag.	☐	☐
1	3. Die Familie will Ferien am Meer machen.	☐	☐
1	4. Valerie kann ihre Katze nicht mitnehmen.	☐	☐
1	5. Valerie und ihre Mutter wollen Sport machen.	☐	☐
1	6. Valerie isst gern Fisch.	☐	☐

___/5

4 Lies den Dialog und ordne die Sätze zu. Ein Satz passt zweimal.

1. Vater: Dieses Jahr fahren wir in den Schwarzwald!
2. Marco: In den Schwarzwald? Warum denn das? Langweilig …
3. Mutter: In den Schwarzwald? Super, Schatz. Da können wir wandern, …
4. Kai: Oh Mann! Das ist doch doof. Ich möchte lieber an die Nordsee fahren. Surfen, das Meer …
5. Marco: Au ja! Und baden … ich freue mich!
6. Vater: Okay! Ich kann schwimmen und Fisch mag ich auch.

Vorschlag: 1 ____ Zustimmung: ________ Ablehnung: ________ Neuer Vorschlag: ________ 6 x ½

___/3

5 Wohin fahren die Personen? Schreib Sätze.

1. Familie Sommer isst gern Fisch und möchte einen Hafen sehen.
   Sie fahren nach Hamburg.

2. Herr und Frau Meier wandern gern. Sie ____________________ 1

3. Philipp joggt gern am Wasser, aber das Meer mag er nicht.
   ____________________ 1

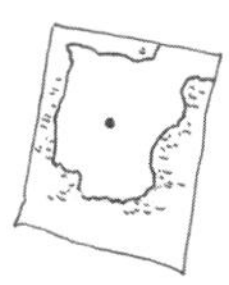

4. Marina möchte Spanisch lernen. ____________________ 1
5. Claus und Albert wollen surfen. ____________________ 1

___/4

6 Verbinde die Sätze und schreib sie neu mit *deshalb*.

1. Paula ist müde.
2. Das Hotel ist teuer.
3. Meine Eltern mögen keine Tiere.
4. Caro hat Durst.
5. Henry möchte Sport machen.

a. Er plant eine Fahrradtour.
b. Sie bestellt zwei Cola.
c. Sie bleibt zu Hause.
d. Ich darf keinen Hund haben.
e. Olaf schläft in der Jugendherberge.

1. Paula ist müde, deshalb bleibt sie zu Hause.
2. Das Hotel ____________________ 1
3. ____________________ 1
4. ____________________ 1
5. ____________________ 1

___/4

7 Schreib eine Postkarte. Beantworte jede Frage. Vergiss Anfang und Ende nicht.

Im Urlaub:

1. Wo bist du?
2. Was machst du dort?
3. Wie gefällt es dir?
4. Wie ist das Wetter?

1
1
1
1
1
1

___/6

Meine Bewertung ☺ 😐 ☹

Punkte ______/30

Name ______________ Klasse ________ Datum ______________

19 **1 Hör das Gespräch. Lies die Aufgaben und kreuze an: richtig oder falsch? Du hörst das Gespräch zweimal.**

		richtig	falsch
	1. Der Vater von Jens ist Bäcker.	☒	☐
1	2. Jens will auch Bäcker werden.	☐	☐
1	3. Jens will pünktlich in der Schule sein.	☐	☐
1	4. Jens macht manchmal Musik.	☐	☐
1	5. Jens hat auch einen Job.	☐	☐

___/4

20 **2 Beruferaten. Hör zu. Welchen Beruf haben die Personen? Notiere mit Artikel.**

1 1. *der Lehrer* 3. ______________

1+1 2. ______________ 4. ______________

___/3

3 Lies die Anzeige. Was ist richtig: a, b oder c? Kreuze an.

Englisch lernen mit Nico ☺
5 € pro Stunde!

Hast du Probleme mit Sprachen? Sind deine Noten nicht gut? Ich helfe dir gern!
Wir können Aufgaben aus dem Buch wiederholen, am Computer arbeiten und viel sprechen.

Ich, Nico, gehe in die Klasse 10b. Latein ist nicht mein Lieblingsfach, aber meine Noten in Englisch und Französisch sind super! In den Ferien im Juli habe ich jeden Tag Zeit. Ruf mich zwischen 16 und 18 Uhr an oder frag mich in der 10-Uhr-Pause auf dem Schulhof. Ich stehe vor dem Schul-Bäcker.
Handy: 0152-0737377

1 1. Das ist eine Anzeige für:
- [a] einen Job in den Ferien.
- [b] ein Englischbuch.
- ☒ Nachhilfeunterricht.

1+1 2. Nico ist
- [a] Schüler.
- [b] Lehrer.
- [c] Bäcker.

3. Was kann Nico gut?
- [a] Französisch und Latein.
- [b] Latein und Englisch.
- [c] Englisch und Französisch.

4. Wann kann man mit Nico sprechen?
- [a] Immer.
- [b] Am Nachmittag und am Morgen.
- [c] Nur am Nachmittag.

___/3

4 **Was passt zusammen? Wähle für jeden Beruf eine passende Tätigkeit und schreib Sätze.**

das Essen machen • die Autofahrer kontrollieren • Bilder malen • ~~das Brot backen~~ • Häuser planen • mit Tieren arbeiten

1. Die Bäckerin backt das Brot.
2. Der Bauer 1
3. Koch 1
4. Künstlerin 1
5. Polizist 1
6. Architektin 1

___/5

5 **Lies die E-Mail und markiere für jede Lücke das passende Wort.**

Hallo Leute,
ich heiße Finja und bin 14 Jahre alt. Und das ist mein Tag: Ich stehe (1) um 6.45 Uhr auf. (Naja, am Wochenende natürlich nicht.) Ich frühstücke und dann gehe ich zusammen mit meiner Freundin Melli zur Schule. Melli kommt um 7.20 Uhr und holt (2) ab. Wir gehen (3) zu Fuß. Aber manchmal fährt Mama (4) auch mit dem Auto.
Am Nachmittag sehe ich meine Freundinnen. Ich treffe (5) im Park oder im Eiscafé. Manchmal nehme ich auch meinen Hund mit. Meine Freundinnen mögen (6) sehr. Ich darf nur am Wochenende ausgehen, deshalb bin ich in der Woche am Abend (7) zu Hause.
Und du? Schreib mir! Oder wir können skypen, dann kann ich (8) sehen.
Viele Grüße
Finja

1. a. immer
   b. manchmal
2. a. ich
   b. mich 1
3. a. oft
   b. immer 1
4. a. uns
   b. euch 1
5. a. sie
   b. ihn 1
6. a. es
   b. ihn 1
7. a. nie
   b. immer 1
8. a. dich
   b. du 1

___/7

6 **Antworte Finja. Schreib eine E-Mail. Denk auch an Anrede und Schluss. Schreib etwas zu den folgenden Punkten:**

1. Name, Alter ½
2. „Tokio Hotel" ☺ ☹ 1
3. Tagesablauf? 1
   a. am Morgen 1
   b. am Nachmittag 1
   c. am Abend 1
4. Was magst du? 1
5. Was magst du nicht? 1

½

___/8

Meine Bewertung ☺ 😐 ☹

Punkte ______/30

Tests Sprechen

Test 1: Nimm ein Kärtchen und spiel einen Dialog mit einem Partner / einer Partnerin: begrüßen, nach dem Namen fragen, buchstabieren, verabschieden.

 **Marcel** 	 **Florian** 	 **Annette** 	 **Oliver** 

1 Gruß
1+1 Name (Frage/Antwort)
1+1 buchstabieren (Frage/Antwort)
1 Abschied
___/6

Guten Tag!

Hallo! Wie heißt du?

Ich heiße Nikolas. Und du?

Ich heiße Lydia. Nikolas ... Kannst du das buchstabieren?

Test 2: Sprich über dich.

1	**Name?**
1	**Land?**
1	**Stadt?**
1	**Sprachen?**
1+1	**Hobbys?**

___/6

Ich heiße ...

Test 3: Nimm zwei Kärtchen. Stelle zu jedem Thema eine Ja-/Nein-Frage und antworte auf die Fragen deines Partners / deiner Partnerin.

Land 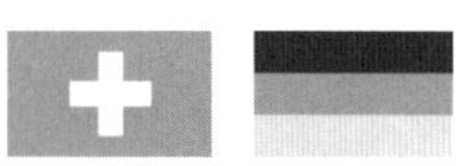	**Stadt** 	**Sport** 
Musik 	**Essen/Trinken** 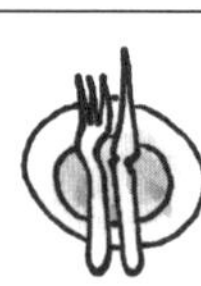	**Schulsachen** 

2+2 Frage
1+1 Antwort
___/6

Kommst du aus Griechenland?

Ja, ich komme aus Griechenland.

Test 4: Du bekommst einen Stundenplan. Stelle deinem Partner / deiner Partnerin drei Fragen und antworte auf seine/ihre Fragen.
Ohne Partner: Beschreibe deinen Stundenplan. Gib sechs interessante Informationen.

UHRZEIT	MONTAG	RAUM	DIENSTAG	RAUM	MITTWOCH	RAUM	DONNERSTAG	RAUM	FREITAG	RAUM
7.55 – 8.45	Mathe		Deutsch		Französisch		Sozialkunde		Englisch	
8.45 – 9.30	Englisch		Mathe		Deutsch		Bio		Deutsch	
9.30 – 10.15	Französisch		Geografie		Sport		Mathe		Kunst	
10.45 – 11.30	Deutsch		Geschichte		Sport		Religion		Kunst	
11.30 – 12.15	Physik		– frei –		Mathe		Geografie		Physik	
12.15 – 13.00	Geschichte		Englisch		Bio		Deutsch		Französisch	
MITTAGSPAUSE										
14.00 – 14.45			Religion				Musik			
14.45 – 15.30							Musik			

UHRZEIT	MONTAG	RAUM	DIENSTAG	RAUM	MITTWOCH	RAUM	DONNERSTAG	RAUM	FREITAG	RAUM
7.55 – 8.45	Musik		Mathe		Deutsch		Spanisch		Physik	
8.45 – 9.30	Mathe		Englisch		Englisch		Sozialkunde		Bio	
9.30 – 10.15	Geografie		Spanisch		Spanisch		Geschichte		Deutsch	
10.45 – 11.30	Deutsch		Kunst		Physik		Mathe		Englisch	
11.30 – 12.15	Deutsch		Geschichte		Religion		Latein		Kunst	
12.15 – 13.00	Religion		Deutsch		Bio		Englisch		Latein	
MITTAGSPAUSE										
14.00 – 14.45							Geografie			
14.45 – 15.30					Sport		Musik			
15.30 – 16.15					Sport					

Wann hast du Mathe? 1+1+1

Mathe habe ich am Montag. 1+1+1

___/6

Test 5: Beschreibe ein Tier.

Tier?
Name?
Alter?
Land?
Aussehen?
Kann/Mag ... (nicht)?

1
1
1
1
1
1
___/6

Ich habe ein Krokodil. Es heißt Jonathan. Es ist ...

Test 6: Nimm ein Kärtchen. Verabrede dich mit einem Partner / einer Partnerin: Tag, Ort, Uhrzeit. Einmal beginnst du, einmal dein Partner / deine Partnerin.

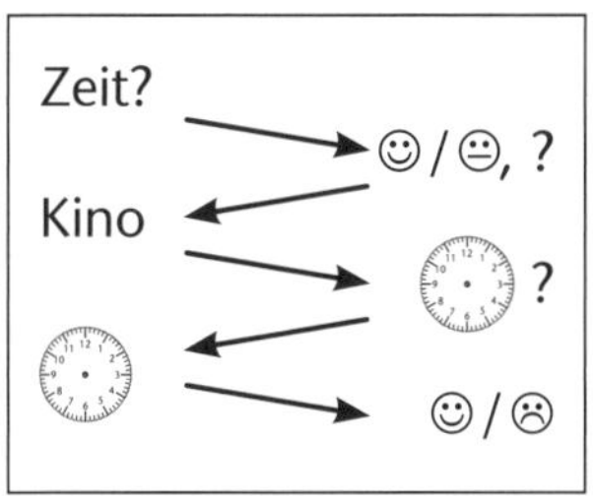

1
1
1
1
1
1
___/6

Test 7: Nimm zwei Kärtchen. Stelle zu jedem Wort eine Frage. Antworte auch auf zwei Fragen.

Thema: Freizeit	Thema: Freizeit	Thema: Freizeit	Thema: Freizeit
Buch 	**Musik** 	**einkaufen** 	**Freunde** 
Thema: Freizeit	Thema: Freizeit	Thema: Freizeit	Thema: Freizeit
Kino 	**Sport** 	**Tiere** 	**Wochenende** 

2 x 1 ½ Frage — *Liest du gern ein Buch?*

2 x 1 ½ Antwort — *Ja, ich lese sehr gern.*

___/6

Test 8: Nimm zwei Kärtchen. Formuliere je eine Frage, Bitte oder Aufforderung. Antworte oder reagiere zweimal.

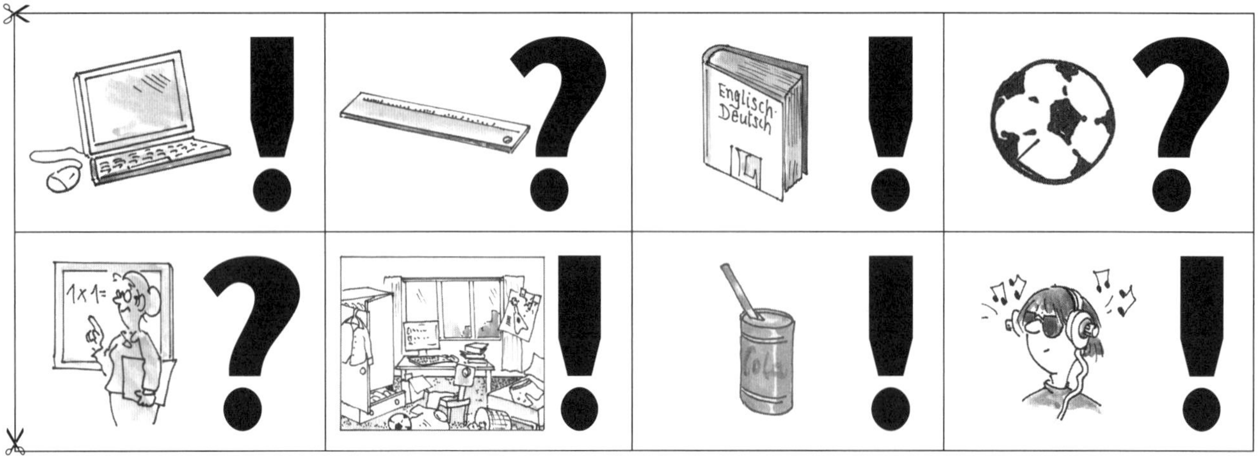

2 x 1 ½ Aufforderung — *Mach bitte den Computer aus!*

2 x 1 ½ Antwort — *Ja, gleich!*

___/6

Test 9: Nimm ein Kärtchen. Du lädst ein. Dein Partner / Deine Partnerin antwortet. Antworte dann auf die Einladung von deinem Partner / deiner Partnerin.

1 Freitag, Party! →	☺, wann? wo?	Samstag, Party! →	☺, wo?
1 zu Hause, (Uhr) ← →	☺, wer?	Garten, (Uhr) ← →	☹, ich muss ...
1 du, ..., ... ← →	☺☺, bis ...	später, bis (Uhr) ← →	☺☺, bis ...

1
1
1

___/6

Test 10: Nimm zwei Kärtchen. Stelle zu jedem Wort eine Frage. Antworte auch auf zwei Fragen.

Thema: Stadt	Thema: Stadt	Thema: Schule	Thema: Schule
einkaufen	**Freunde treffen**	**Lehrer/in**	**Pause**
Thema: Stadt	Thema: Stadt	Thema: Essen	Thema: Essen
Sport	**Schulweg**	**Frühstück**	**Schule**

Wo kaufst du Brot ein?

Ich kaufe das Brot in der Bäckerei.

Frage	2 x 1 ½	
Antwort	2 x 1 ½	
	___/6	

Test 11: Nimm ein Kärtchen. Du bestellst Essen und Trinken und fragst nach dem Preis. Dein Partner / Deine Partnerin antwortet. Dann bestellt dein Partner / deine Partnerin und du antwortest.

 2,80 €	 1,70 €	 3,10 €	 1,90 €
 5,30 €	 1,80 €	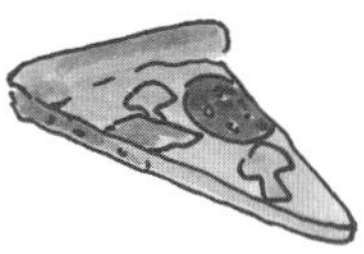 4,60 €	 2,10 €

Was möchtest ...?

Ich nehme ... und ...

Was kostet ...?

Gruß/Was?	1
Bestellung	2
☺	1
kosten? (Frage/Antwort)	1+1
	___/6

Test 12: Nimm ein Kärtchen. Stelle die Person vor.

1. Harald Ibsen	1. Luise Winter	1. Hanna Beland	½
2. Architekt	2. Schülerin	2. Künstlerin	½
3. Fußball ☺	3. Klavier ☺	3. Museen ☺	½
4. tanzen ☹	4. Englisch ☹	4. fernsehen ☹	½
5. (Uhr): Frühstück	5. (Uhr): aufstehen	5. (Uhr): Kaffee	1
6. (Uhr): telefonieren	6. (Uhr): Schule	6. (Uhr): malen	1
7. (Uhr): einkaufen	7. (Uhr): Klavierunterricht	7. (Uhr): Freunde treffen	1
8. (Uhr): ...	8. (Uhr): ...	8. (Uhr): ...	1
			___/6

Modelltest „Fit in Deutsch 1"

Hören

Dieser Test hat zwei Teile. ***Lies*** *zuerst die Aufgaben,* ***höre*** *dann den Text dazu. Schreibe am Ende deine Lösungen auf den* ***Antwortbogen****.*

21–24

Teil 1

Du hörst ***drei*** *Nachrichten am Telefon.*
Zu jeder Nachricht gibt es Aufgaben. Kreuze an: [a], [b] *oder* [c].
Du hörst jede Nachricht ***zweimal****.*

Beispiel

0 Wann beginnt das Kino?

[a] Um 17.30 Uhr.

[b] Um 18.00 Uhr.

[X] Um 18.30 Uhr.

Lies die Aufgaben 1 und 2.

1 Sandra feiert …

[a] in der Schule.

[b] im Garten.

[c] bei Markus.

2 Die Party beginnt …

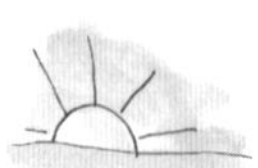
[a] am Morgen.

[b] am Nachmittag.

[c] am Abend.

Jetzt hörst du die ***erste*** *Nachricht am Telefon.*

Du hörst die erste Nachricht ***noch einmal****. Markiere* ***dann*** *die Lösung zu Aufgabe 1 und 2.*

Lies die Aufgaben 3 und 4.

3 Was kann Julian heute nicht machen?

[a] Fußball spielen.

[b] Tennis spielen.

[c] Schwimmen gehen.

4 Wann ruft Julian noch einmal an?

[a] Am Donnerstag.

[b] Am Freitag.

[c] Am Samstag.

Jetzt hörst du die ***zweite*** *Nachricht am Telefon.*

Du hörst die zweite Nachricht ***noch einmal****. Markiere* ***dann*** *die Lösung zu Aufgabe 3 und 4.*

Lies die Aufgaben 5 und 6.

5 Marie sucht …

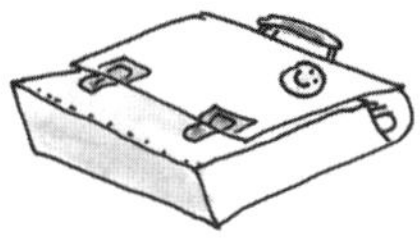

[a] ihr Deutschbuch. [b] ihre Schultasche. [c] ihr Handy.

6 Marie ist …

[a] zu Hause. [b] in der Schule. [c] bei Oma.

*Jetzt hörst du die **dritte** Nachricht am Telefon.*

*Du hörst die dritte Nachricht **noch einmal**. Markiere **dann** die Lösung zu Aufgabe 5 und 6.*

Teil 2

25–27

*Du hörst **zwei** Gespräche.*
Zu jedem Gespräch gibt es Aufgaben. Kreuze an: richtig oder falsch.
*Du hörst jedes Gespräch **zweimal**.*

Beispiel

0	Leon und Stefan wollen am Dienstag lernen.	~~richtig~~	falsch

Lies die Sätze 7, 8 und 9.

7	Paul macht Urlaub am Meer.	richtig	falsch
8	Paul fährt im Urlaub Fahrrad.	richtig	falsch
9	Karla besucht im Urlaub ihre Tante.	richtig	falsch

*Jetzt hörst du das **erste** Gespräch.*

*Du hörst das erste Gespräch noch einmal. Markiere **dann** für die Sätze 7, 8 und 9: richtig oder falsch.*

Lies die Sätze 10, 11 und 12.

10	Anna war krank.	richtig	falsch
11	Der Mathetest war schwer.	richtig	falsch
12	Die Mädchen fahren mit dem Fahrrad zum Konzert.	richtig	falsch

*Jetzt hörst du das **zweite** Gespräch.*

*Du hörst das zweite Gespräch noch einmal. Markiere **dann** für die Sätze 10, 11 und 12: richtig oder falsch.*

*Schreibe jetzt deine Lösungen 1–12 auf den **Antwortbogen**.*

Lesen

Dieser Test hat zwei Teile. In diesem Prüfungsteil findest du Anzeigen und kurze Beschreibungen. Zu jedem Text gibt es Aufgaben. Schreibe am Ende deine Lösungen auf den ***Antwortbogen****. Wörterbücher sind* ***nicht*** *erlaubt.*

Teil 1

Lies bitte die zwei Anzeigen aus der Zeitung.

Anzeige 1

100 Jahre

Lessing-Schule wird 100 Jahre alt

Am 5. Mai feiert das Gymnasium in der Markusgasse.

» Auf dem Schulhof gibt es Klavier- und Gitarrenmusik, internationale Speisen und Getränke sowie Theater auf Spanisch und Englisch.
» Im Computerraum zeigt die Medien-AG ihre Filme.
» Auf dem Sportplatz spielen Lehrer Fußball gegen Schüler und Eltern.
» **Man kann auch etwas gewinnen!** Die Klasse 8b macht ein Quiz zum Thema „Unsere Schule".

Die Schule lädt alle Schüler, Eltern und Geschwister herzlich ein, am **Samstag ab 10 Uhr** zu feiern. Schluss ist um 18 Uhr.

Anzeige 2

Filmprojekt im Jugendzentrum hat noch Plätze frei!

Bleibst du im Juli zu Hause?
Wir drehen in den Ferien einen Film und suchen Schüler von 13 bis 16 Jahren. Schauspieler muss nicht dein Traumberuf sein, aber Kino und Film magst du. Du bist auch gern mit anderen Leuten zusammen.

Hast du Lust und Zeit?
Wir beginnen am Montag, den 8. Juli, um 9.00 Uhr.
Hast du noch Fragen?
Dann komm ins Jugendzentrum oder ruf uns an: 07215 33216. Von 10 bis 18 Uhr sind wir da.

Aufgaben 1 bis 6. Kreuze an: [a], [b] *oder* [c].

Beispiel zu Anzeige 1

0 Die Lessing-Schule feiert …
- [a] ein internationales Fest.
- [b] ein Frühlingsfest.
- [X] Geburtstag.

Anzeige 1

1 Auf dem Schulfest kann man …
- [a] am Computer spielen.
- [b] Sport machen.
- [c] Karten für das Theater gewinnen.

2 Das Schulfest ist für …
- [a] Schüler und ihre Familien.
- [b] die Medien-AG.
- [c] die Klasse 8b.

3 Die Schule feiert …
- [a] nur am Nachmittag.
- [b] nur am Morgen.
- [c] nur bis zum Abend.

Anzeige 2

4 Das ist eine Anzeige …

[a] für Schauspieler.

[b] für alle Leute.

[c] für Jugendliche.

5 Das Projekt ist …

[a] im Frühling.

[b] im Sommer.

[c] im Herbst.

6 Mehr Information bekommst du …

[a] im Kino.

[b] am Montag um 9 Uhr.

[c] am Telefon.

Teil 2

In einer Zeitschrift findest du zwei Texte über Jugendliche in Deutschland. Lies bitte die Beschreibungen.

Beschreibung 1

Hallo, ich heiße Monika Bechtel. Ich bin 14 Jahre alt und wohne mit meiner Familie in Göttingen. Meine Eltern arbeiten hier und meine beiden Schwestern und ich gehen auf das Brüder-Grimm-Gymnasium. Meine Mutter ist Ärztin. Ich finde, das ist ein toller Beruf! Tiere liebe ich auch. Wir haben einen Hund. Er ist so süß! Am Sonntag gehen wir oft alle zusammen wandern oder wir fahren an einen See. Ich gehe auch gern mit meinen Freundinnen in die Disco. Aber das geht nur am Wochenende. In der Woche darf ich nicht ausgehen.

Beschreibung 2

Ich heiße Lars und bin 15 Jahre alt. Ich komme aus Freiburg. Freiburg ist eine sehr schöne Stadt im Süden von Deutschland. Wir wohnen im Zentrum. Das ist super! Ich brauche nur 10 Minuten zur Schule und am Nachmittag treffe ich immer meine Freunde im Eiscafé am Marktplatz. Ich habe zwei Brüder. Manchmal spielen wir zusammen Fußball, aber ich spiele viel lieber Tennis. Mein Vater kommt aus Hamburg, deshalb fahren wir in den Ferien fast immer in den Norden und sind bei Oma und Opa.

Aufgaben 7 bis 12. Was ist richtig und was ist falsch?

Beispiel zu Beschreibung 1

0	Monika hat Geschwister.	~~richtig~~ (X)	falsch

Beschreibung 1

7	Die Eltern von Monika sind Ärzte.	richtig	falsch
8	Die Familie macht am Wochenende oft Ausflüge.	richtig	falsch
9	Monika darf jeden Tag in die Disco gehen.	richtig	falsch

Beschreibung 2

10	Lars wohnt gern in Freiburg.	richtig	falsch
11	Lars findet Fußball besser als Tennis.	richtig	falsch
12	Lars besucht in den Ferien oft seine Großeltern.	richtig	falsch

*Schreibe jetzt deine Lösungen 1 bis 12 auf den **Antwortbogen**.*

Schreiben

Du hast diese E-Mail bekommen.
Antworte darauf bitte mit mindestens 30 Wörtern.
*Schreibe bitte **nicht** mit Bleistift. Wörterbücher sind **nicht** erlaubt.*

> Hi,
> ich heiße Steffen und komme aus Köln. Ich bin 14 Jahre alt, aber bald habe ich Geburtstag! Ich mache eine Party im Garten und lade meine Freunde ein. Es gibt Würstchen, Kuchen und Getränke. Wir machen auch Musik! Ich spiele Gitarre und mein Freund Malte bringt seine Trompete mit.
> Wie feierst du deinen Geburtstag? Schreib mir!
> Viele Grüße
> Steffen

*Schreibe deinen Text bitte auf ein **Blatt Papier**.*

Sprechen

*Dieser Test hat drei Teile. **Sprich** bitte mit deiner Partnerin / deinem Partner in der Gruppe.*

Teil 1 Sich vorstellen.

Name?
Alter?
Land?
Wohnort?
Schule?
Sprachen?
Hobby?

Teil 2 Fragen stellen und auf Fragen antworten.

Thema: Familie		
Beispielkarte		
Oma/Opa		

Thema: Familie	Thema: Familie	Thema: Familie
Geschwister	**Eltern**	**frühstücken**
Thema: Familie	**Thema: Familie**	**Thema: Familie**
Geburtstag	**Haustier**	**Ferien**

Teil 3 Bitten, Aufforderungen oder Fragen formulieren und darauf antworten oder reagieren.

Beispielkarte		
 !		

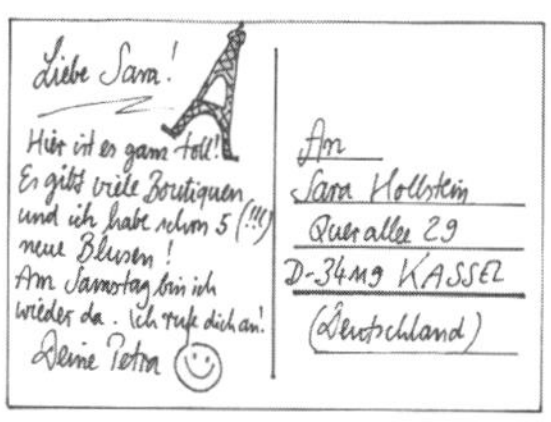 !	 ?	 !
 ?	 !	 ?

Lösungen

Test 1

1 2c; 3a; 4b

2 2a; 3b; 4a; 5a; 6b; 7a

3 2e; 3d; 4b; 5c

4 2. Wer; 3. Wo; 4. Was; 5. Wo

5 2. Morgen; 3. wie; 4. gut; 5. danke; 6. Tschüs; 7. Wiedersehen

6 2. Das ist Susanne, aus der Schweiz.
3. Danke gut, und dir?
4. Ja, und du?
5. Tschüs, Jenny!

7 1 eins; 2 zwei; 3 drei; 4 vier; 5 fünf; 6 sechs; 7 sieben; 8 acht; 9 neun; 10 zehn; 11 elf; 12 zwölf

Test 2

1 2 bc; 3 ac; 4 ac

2

Name	kommt aus	wohnt in	mag
Sven	– Deutschland	– Kiel	– schwimmen – surfen
Lina	– Österreich	– Wien	– fotografieren – Sport
Chantal	– (der) Schweiz	– Bern	– Sprachen
Elin	– Schweden	– Barcelona	– Klavier (spielen)

3 2. Woher; 3. Wo; 4. Was; 5. Wie; 6. wer

4 3. bin; 4. gehe; 5. mag; 6. spreche; 7. ist; 8. geht; 9. fotografiert; 10. heißt; 11. kommst; 12. machst

5 (Vorschlag)
ich heiße …
Ich wohne in …
Ich komme aus …
Ich mag … / Ich … gern.
Ich spreche …

6 2. England; 3. Spanien; 4. Polen; 5. Russland; 6. Frankreich; 7. Italien; 8. Deutschland; 9. Norwegen; 10. die Türkei; 11. Belgien

Test 3

1 2, 4, 6, 7, 9, 11

2 2. Wörterbuch; 3. Vokabelheft; 4. Sporthose; 5. Mathebuch; 6. Stundenplan; 7. Deutschbuch; 8. Bleistift; 9. Radiergummi

3 2. der Spitzer; 3. die Uhr; 4. der Kuli; 5. das Lineal; 6. die Schere

4 2. kein Marker, ein Radiergummi; 3. kein Regal, ein Schrank; 4. kein Handy, eine Uhr

5 2. Mag Sebastian Sport? 3. Kommt er zum Konzert? 4. Wer ist das? 5. Kommt Paul aus der Schweiz? 6. Spielt er gern Gitarre?

6 2. Frage 5; 3. Frage 4; 4. Frage 6; 5. Frage 3; 6. Frage 2

Test 4

1 12, 14, 18, 25, 37, 40, 49

2 2a; 3b; 4a; 5a

3 2. Es ist Viertel nach zwölf. 3. Es ist fünf nach zwei. 4. Es ist halb fünf. 5. Es ist acht Uhr. 6. Es ist Viertel vor vier.

4 richtig: 2, 4, 5; falsch: 3, 6

5 2. kommt; 3. spielst; 4. beginnt; 5. finden; 6. haben

6 2. die Fotos; 3. die Tische; 4. die Zahlen; 5. die Lehrer; 6. die Schülerinnen

Test 5

1 richtig: 1bc, 2c; falsch: 1d, 2ab

2 2. die Katze; 3. der Papagei; 4. der Elefant; 5. das Krokodil; 6. das Schwein; 7. der Fisch; 8. der Vogel; 9. die Kuh; 10. die Fliege; 11. die Ente

3

L	A	L	I	G	E	G	B	Ü	N	N	D	V	E	L
A	F	M	R	O	A	E	N	M	U	A	L	O	R	G
E	G	T	C	H	B	L	A	U	M	I	O	S	C	H
T	R	I	G	R	Ü	B	T	W	E	S	R	N	G	U
L	A	B	U	W	E	E	S	C	H	W	A	R	Z	I
B	U	N	R	O	T	T	A	R	N	I	N	B	E	N
P	M	U	R	A	N	G	Q	U	N	A	G	E	I	W
S	C	H	U	G	G	R	Ü	N	X	T	E	V	Z	I
Y	U	D	B	O	H	C	S	Ö	U	K	M	L	A	U

4 2. ein; 3. eine; 4. einen; 5. kein; 6. eine; 7. ein; 8. eine; 9. ein; 10. einen; 11. keinen

5 2. sein; 3. ihren; 4. seine; 5. Ihre; 6. dein

6 (Vorschlag)
2. Sie ist 15 (Jahre alt) und kommt aus Hamburg.
3. Sie mag/liebt Tiere.
4. Sie hat ein Pferd. Es / Ihr/Das Pferd heißt Serafina.
5. Sein/Das Fell ist grau.
6. Sie hat (auch) einen Hund. Er / Ihr/Der Hund ist groß.
7. Er/Sie mag keine Katzen.

Test 6

1 2c; 3a; 4c; 5b; 6b

2 2d; 3i; 4g; 5f; 6j; 7b; 8k; 9h; 10c; 11e

3 2. nicht; 3. keine/nicht; 4. nicht/keinen; 5. kein

4 2. in den; 3. –, 4. in die; 5. auf den; 6. ins; 7. zu

5 2. hole ab; 3. hört auf; 4. habe frei; 5. kommt mit; 6. mache an

6 (Vorschlag)
Liebe Sabine,
ich heiße ... und komme aus ...
Das ist mein Tagesablauf: Ich stehe um ... Uhr auf. Die Schule beginnt um ... und hört um ... auf. / Ich habe von ... bis ... Uhr Schule.
Das mache ich am Nachmittag: Ich gehe ...
Ich ... gern, aber ich ... nicht gern.
Viele Grüße

Test 7

1 richtig: 3; falsch: 2, 4

2 2. Fußball (spielen); 3. Hausaufgaben (machen), Freundinnen (treffen); 4. Medien-AG (haben), Klavier (üben) / Musik (machen)

3 2. Stuttgart; 3. Englisch, Französisch; 4. Gitarre (üben), Freundinnen (treffen), shoppen, (Bücher) lesen; 5. –; 6. Pferd; 7. orange

4 2. der Pullover; 3. die Hose; 4. die Jacke; 5. das Kleid; 6. der Schuh / die Schuhe

5 2. gut, besser; 3. gern, lieber; 4. besser

6 2. Am Morgen schläft er/Marc lang. 3. Am Nachmittag nimmt er/Marc sein Fahrrad und (er/Marc) fährt in den Park. 4. Um 16 Uhr trifft er/Marc seine Freunde. 5. Von 16 bis 18 Uhr spielt er/Marc Fußball. / Von 16 bis 18 Uhr spielen sie Fußball. 6. Am Abend sieht er/Marc einen Film. 7. Am Sonntag faulenzt er/Marc.

Test 8

1 2. 14/vierzehn; 3. Tom, 15 – Maren, 8; 4. Gabi, Rolf; 5. schwimmen, Klavier (spielen); 6. – / keine

2 du-Form: 5, 6; ihr-Form: 3, 7; Sie-Form: 2, 4

3 2b; 3c; 4a

4 2. die Küche; 3. das Schlafzimmer; 4. das Wohnzimmer; 5. der Garten

5 1b Bitte räum dein Zimmer auf!; 2a Bitte seid leise!; 2b Bitte kommt pünktlich!; 3a Bitte rufen Sie meine Eltern an!; 3b Bitte buchstabieren Sie das Wort!

6 2. Links; 3. Hinten; 4. rechts; 5. vorne

7 (Vorschlag)
1. Ich heiße ... / Mein Name ist ... 2. Ich bin ... (Jahre alt). 3. Mein Vater heißt ... und meine Mutter heißt ... / Meine Eltern heißen ... und ... 4. Ich habe ... Geschwister. 5. Wir wohnen in ... 6. Unser Haus / Unsere Wohnung hat ... / Es gibt ... / Wir haben ...

Test 9

1 2a; 3c; 4b; 5b; 6a

2 2. Wo ist die Party? / Wo feierst du? 3. Wann beginnt/ist die Party? / Wann fängt die Party an? 4. Wann hört die Party auf? / Wie lang(e) / Bis wann feiern wir / dürfen wir feiern? 5. Wer ist eingeladen? / Wer kommt?

3 2. Gute Besserung! 3. Viel Glück! 4. Gute Reise!

4

der Winter	der Frühling	der Sommer	der Herbst
Dezember Januar Februar	März April Mai	Juni Juli August	September Oktober November

5

B	D	R	F	B	H	Y	Z	A	H	N	J	I	M	B	Z	V	A
E	Q	K	O	P	F	M	E	G	S	U	K	O	Ä	B	C	H	E
I	M	I	N	S	W	K	J	M	H	A	L	S	B	A	N	T	C
N	I	A	U	G	E	U	F	L	R	R	Z	A	M	U	X	T	Ü
O	N	H	G	V	R	B	A	T	Y	M	S	R	Ü	C	K	E	N
I	E	D	A	H	A	N	D	E	W	U	B	E	R	H	T	I	P

das Bein; der Kopf; das Auge; der Zahn; der Hals; der Arm; der Rücken; der Bauch

6 2. war; 3. hatte; 4. war; 5. hatte; 6. war; 7. warst; 8. war; 9. hatte

7 2. Du musst morgen für den Mathetest lernen. 3. Katja darf heute Abend ins Konzert gehen. 4. Du kannst nicht zur Party kommen. 5. Ich darf meine Freunde einladen. 6. Niklas muss am Montag früh aufstehen.

Test 10

1 richtig: 1b, 2bc; falsch: 1cd, 2a

2

Musikraum		Biologieraum	
Computerraum		Lehrerzimmer	
Klassenzimmer 8a	Eingang	Sekretariat	Sporthalle

3 2. In der Disco. 3. Im Schwimmbad. 4. In der Apotheke. 5. In der Bäckerei. 6. Im Supermarkt.

4 2. hinter dem Baum. 3. auf dem Tisch. 4. unter der Bank. 5. neben dem Regal. 6. zwischen dem Buch und der Banane.

5 2. der Käse; 3. das Brötchen; 4. der Apfel; 5. die Milch; 6. der Quark

6 2. Kreuzung; 3. links; 4. geradeaus; 5. Ampel; 6. rechts; 7. hinter/neben

Test 11

1

	Daniel	Lukas	Anna
Getränk	*Cola*	*Apfelsaft*	*–/nichts*
Essen	*Salat*	*(ein Stück) Pizza*	*(ein Stück) Schokokuchen / Kuchen*

2

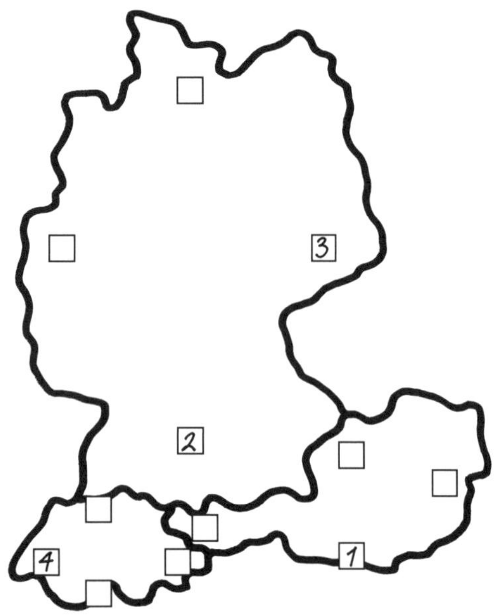

3 richtig: 2, 3, 4; falsch: 5, 6

4 Vorschlag: 1; Zustimmung: 3, 5, 6; Ablehnung: 2, 4; Neuer Vorschlag: 4

5 2. Sie fahren in die Berge. 3. Er fährt an den See. 4. Sie fährt nach Spanien. 5. Sie fahren ans Meer.

6 2e Das Hotel ist teuer, deshalb schläft Olaf in der Jugendherberge. 3d Meine Eltern mögen keine Tiere, deshalb darf ich keinen Hund haben. 4b Caro hat Durst, deshalb bestellt sie zwei Cola. 5a Henry möchte Sport machen, deshalb plant er eine Fahrradtour.

7 (Vorschlag)
Liebe/r ...,
1. Herzliche Grüße aus ... / Ich bin ...
2. Hier kann ich ... / Ich schwimme, ...
3. Das/Es ist/war super/genial/interessant/langweilig/...
4. Das Wetter ist (auch) super/schlecht/gut.
Liebe/Viele Grüße / Bis bald ...

Test 12

1 richtig: 3, 4; falsch: 2, 5

2 2. die Zahnärztin; 3. die Hausfrau; 4. der Schauspieler

3 2a; 3c; 4b

4 2. Der Bauer arbeitet mit Tieren. 3. Der Koch macht das Essen. 4. Die Künstlerin malt Bilder. 5. Der Polizist kontrolliert die Autofahrer. 6. Die Architektin plant Häuser.

5 2b; 3a; 4a; 5a; 6b; 7b; 8a

6 (Vorschlag)
Liebe/Hallo Finja,
ich heiße ... und bin ... (Jahre alt).
Tokio Hotel finde ich spitze/langweilig / kenne ich nicht.
Ich stehe am Morgen (immer) um ... auf. Dann ...
Am Nachmittag ... ich (oft) ...
Am Abend ...
... finde ich ... / Ich finde ...
... mag ich nicht / ... finde ich langweilig.
Viele Grüße / Liebe Grüße / Bis bald ...

Tests Sprechen

Test 1
(Vorschlag)
○ Guten Tag!
● Hallo! Wie heißt du?
○ Ich heiße ... / Mein Name ist ... Und du?
● Mein Name ist ... / Ich heiße ... – (Name) ... Kannst du das buchstabieren?
○ X-X-X-X-X. Und kannst du ... buchstabieren?
● Y-Y-Y-Y-Y.
○ Tschüs!
● Bis bald!

Test 2
(Vorschlag)
Ich heiße ...
Ich komme aus ...
Ich wohne in ...
Ich spreche ...
Ich mag ... / Ich ... gern.

Test 3
(Vorschlag)
○ Kommst du aus ...? ● Ja/Nein, ich komme aus ...
○ Wohnst du in ...? ● Ja/Nein, ich wohne in ...
○ Spielst du ...? / Schwimmst du gern? / ...
○ Spielst du ...? / Kannst du ...? / Magst du ...?
○ Magst du ...?
○ Ist das (d)ein/(d)eine ...?

Test 4
(Vorschlag)
○ Wann beginnt die Schule? – ● Die Schule fängt um ... an.
○ Wann hast du ...? – ● Am Montag und am ...
○ Hast du am Mittwoch ...?
○ Lernst du ...?
○ Was hast du am ... um ...?
○ Wann ist Schluss?

(Alternative)
Die Schule beginnt um … / Der Unterricht ist von … bis …; Ich habe am … um … Sport/Deutsch/…; Die Pause ist um …; Mein Lieblingsfach ist …; Ich lerne …; Ich habe am … bis … Unterricht.

Test 5
(Vorschlag)
Ich habe … / Mein Tier ist ein/e … / Das ist (m)ein/e …
Er/Es/Sie heißt …
Er/Es/Sie ist … Jahre alt.
Er/Es/Sie kommt aus …
Er/Es/Sie ist grau/schwarz/… / Sein/Ihr Fell ist … / Sein/Ihr Kopf ist …
Er/Es/Sie kann … / Er/Es/Sie mag …

Test 6
(Vorschlag)
Dialog (positiv):
● Hallo …! Hast du heute Nachmittag Zeit?
○ Ja, warum?
● Kommst du mit ins Kino?
○ Wann denn?
● Um 19 Uhr.
○ Ja, gern. Perfekt! Bis dann!

Dialog (negativ):
● Hallo …! Hast du heute Nachmittag Zeit?
○ Vielleicht. Warum?
● Kommst du mit ins Kino?
○ Wann denn?
● Um 19 Uhr.
○ Schade, das geht nicht.

Test 7
(Vorschlag)
○ Liest du gern ein Buch?
● Ja, ich lese gern ein Buch.
○ Spielst du Gitarre?
● Nein, ich spiele kein Instrument.
○ Gehst du gern einkaufen?
● Einkaufen? Nein, das finde ich langweilig!

Test 8
(Vorschlag)
○ Mach bitte jetzt den Computer aus!
● Oh, Mann! Jetzt schon? Es ist so interessant!
○ Ist das dein Lineal?
● Ja, das ist mein Lineal!
○ Gib mir dein Buch!
(Angesprochene/r Schüler/in nimmt das Buch und reicht es dem/der Anweisenden.)

Test 9
(Vorschlag)
Dialog 1:
○ Hallo … Ich mache am Freitag eine Party. Kommst du?
● Klar, wann denn? Und wo (feierst du / ist die Party)?
○ Wir feiern zu Hause. Die Party beginnt um 17 Uhr.
● Prima. Und wer kommt?
○ Du, …, … und … Und es gibt Kuchen!
● Genial, ich komme! Bis Freitag!

Dialog 2:
○ Hallo … Ich mache am Samstag eine Party. Kommst du?
● Super! Wo feierst du?
○ Im Garten. Wir beginnen um 16 Uhr.
● Schade. Das geht leider nicht. Ich muss …
○ Komm später! Wir feiern / Ich feiere bis 22 Uhr.
● Super, das geht! Bis Samstag!

Test 10
(Vorschlag)
○ Wo kaufst du ein?
● Ich kaufe Brot in der Bäckerei. Und im Supermarkt kaufe ich Milch.
○ Wo triffst du deine Freunde?
● Ich treffe meine Freunde im Eiscafé.
○ Magst du deine/n Lehrer/in?
● Ja, er/sie ist sehr nett.

Test 11
(Vorschlag)
○ Guten Tag, was möchtest du?
● Ich möchte/nehme … und … / Ich esse … und ich trinke …
○ Hier, bitte!
● Was kostet das, bitte?
○ Das macht/kostet … €. / … kostet … € und … kostet … €.

Test 12
(Vorschlag)
1. Das ist … / Er/Sie heißt … / Sein/Ihr Name ist …
2. Er/Sie ist ... / Sein/Ihr Beruf ist … / Er/Sie ist … von Beruf.
3. … spielt gern Fußball/Klavier / geht gern in Museen.
4. Er/Sie … nicht gern. / Er/Sie mag … nicht.
5. Harald frühstückt immer um 8 Uhr. / Luise steht immer um 6.45 Uhr auf. / Hanna macht/trinkt immer um halb neun Kaffee.
6. Um 11.30 Uhr arbeitet er. / Um fünf vor acht geht sie in die Schule / beginnt die Schule. / Um halb zehn malt sie.
7. Um 18 Uhr kauft Harald in der Stadt ein. / Um 15 Uhr hat Luise Klavierunterricht / spielt Luise Klavier. / Um 18.00 Uhr trifft Hanna (ihre) Freunde.
8. …

Modelltest

Hören
1b; 2b; 3a; 4b; 5a; 6c
richtig: 8, 9, 10, 11; falsch: 7, 12

Lesen
1b; 2a; 3c; 4c; 5b; 6c
richtig: 8, 10, 12; falsch: 7, 9, 11

Transkripte

Test 1 2

Aufgabe 1

1

○ Wie heißt du?

● Ich heiße Marion.

○ Wie bitte? Kannst du das buchstabieren?

● Ja, M-A-R-I-O-N, Marion.

○ Danke!

2

● Was ist das?

○ Das ist Schokolade.

● Hm, Schokolade! Aus der Schweiz?

○ Ja, die Schokolade ist aus der Schweiz.

3

● Hallo Rudi! Wer ist das?

○ Das ist Bello! Mein Hund.

● Bello?

○ Ja, der Name ist Bello, B-E-L-L-O.

● Aha!

4

● Hallo Janine! Wie geht's?

○ Gut! Und dir?

● Auch gut! Magst du die Musik?

○ Ja, „Tokio Hotel" ist echt cool.

Aufgabe 2 3

1 Foto
2 Schokolade
3 bitte
4 Hallo
5 Abend
6 Name
7 Musik

Test 2 4

Aufgabe 1

1 Hallo, mein Name ist Markus. Ich bin 14 Jahre alt. Ich wohne jetzt in München, aber ich komme aus Hamburg. Mein Hobby? Ich fotografiere gern!

2 Guten Tag, ich heiße Anna. Ich komme aus Innsbruck. Das ist in Österreich. Ich spreche Deutsch, Englisch und Französisch und ich mag Musik.

3 Hallo, ich bin Lisa. Ich komme aus Hamburg. Ich mag Hamburg, die Stadt ist super! Und ich mag Sport. Ich schwimme gern. Ich kann auch tauchen.

4 Guten Tag! Mein Name ist John. Ich komme aus Kanada. Ich spreche Englisch und ich liebe Tiere. Ich habe einen Hund.

Test 3 5

Aufgabe 1

● Hallo, ich heiße Sara. Ich gehe in die Klasse 8a. Das ist mein Klassenzimmer: Hier ist eine Tafel und hier ist ein Schrank. Hier ist ein Fenster und hier ein Computer. In meinem Klassenraum gibt es leider keine Plakate und auch kein Regal. Und schau, hier sitze ich: Das ist mein Tisch und das ist meine Schultasche. Und hier ist schon meine Lehrerin, Frau Sommer: Hallo Frau Sommer, guten Morgen!

○ Guten Morgen, Sara!

Aufgabe 2 6

1 Schultasche
2 Wörterbuch
3 Vokabelheft
4 Sporthose
5 Mathebuch
6 Stundenplan
7 Deutschbuch
8 Bleistift
9 Radiergummi

Test 4 7

Aufgabe 1

vierzehn, vierzig, achtzehn, fünfundzwanzig, zwölf, neunundvierzig, siebenunddreißig

Aufgabe 2 8

1 □ Wie spät ist es?
  ○ Es ist fünf vor eins.

2 ● Hier ist Radio Norden. Es ist siebzehn Uhr fünfzehn und wir beginnen mit Musik …

3 □ Oh, schon Viertel vor zehn. Jetzt haben wir Mathe.

4 ● Mama, wie spät ist es? Kann ich …?
  ○ Es ist halb sechs.
  ● Halb sechs? Oh je! Schon so spät …

5 □ Es ist 20 Uhr. Hier ist Radio WW2 mit den Nachrichten: Moskau …

Test 5 9

Aufgabe 1

1

□ Hallo Claudia! Wie geht's?

● Ach, hallo Marco. Nicht so gut. Bello, mein Hund, ist weg!

□ Was? Dein Hund ist weg?

● Ja, ich suche und suche, im Haus und im Garten, aber Bello ist einfach weg.

□ Okay, wir suchen Bello im Park! Wie sieht er denn aus?

● Er ist groß und sein Fell ist braun.

2

○ Tom, es ist Viertel vor acht! Wann hast du heute Schule?

■ Um acht Uhr, Papa. Aber ich finde meine Schulsachen nicht!

○ Deine Schulsachen? Was suchst du denn? Dein Englischbuch?

■ Nein, ich suche mein Deutschbuch.

○ Ach so. Hm. Wie sieht das Buch denn aus? Ist es gelb, blau, grün …?

■ Es ist orange. Und es heißt geni@l klick.

○ Und das? Was ist das hier?

■ Hm ja, mein Deutschbuch. Super, Papa, danke! Tschüs!

Test 6
10

Aufgabe 1

Gesprach A

● Hallo Jonas, hier ist Felix.
○ Hi Felix, wie geht's?
● Gut, danke! Am Samstag spielen die „TicTocs". Die Musik ist super. Hast du Lust? Kommst du mit?
○ Die „TicTocs"? Super! Wann fängt das Konzert denn an?
● Um 8 Uhr, in der „Fabrik".
○ Moment, ich spiele Tennis bis 6 Uhr. Ja, das geht. Also, bis Samstag!
● Tschüs!

Gespräch B

● Hallo Sara!
○ Hallo Monika!
● Du, Sara, schwimmst du gern?
○ Ja, ich schwimme sehr gern! Warum fragst du?
● Kathi und ich gehen heute nach der Schule in den Freizeitpark, da kann man auch schwimmen. Kommst du mit?
○ Ja, gern, ... aber nein, schade, ich habe keine Zeit. Ich muss lernen.
● Für den Mathetest morgen?
○ Nein, Mathe ist einfach. Für Englisch am Freitag!

Test 7
11

Aufgabe 1

● Was suchst du, Robby?
□ Ich suche einen Pullover. Wie findest du den hier, Lisa?
● Hm, Grau, das ist total langweilig. Wie findest du Rot?
□ Rot? Nein, Rot mag ich nicht, Blau finde ich besser.
● Hier, der Pullover ist blau. Wie findest du den?
□ Ja, der ist super, der gefällt mir, den nehme ich.
● Und eine Hose?
□ Nein, ich möchte keine Hose, aber vielleicht ein T-Shirt ...
● Cool! Das sieht super aus! Und ich nehme das Kleid. Wie findest du es?

Aufgabe 2

12 1 Susanne

Hallo, ich bin Susanne. Am Morgen gehe ich natürlich in die Schule. In der Schule treffe ich auch meine Freundinnen. Das ist super. Und meine Freizeit? Montags und dienstags spiele ich am Nachmittag Tennis. Am Mittwoch jogge ich. Meine Freundinnen spielen auch Fußball. Aber ich mag Fußball nicht.

2 Paul

Hi, ich heiße Paul, ich bin 15 Jahre alt. Ich finde Fußball super. Ich spiele jeden Tag von 15 bis 17 Uhr mit meinen Freunden im Park. Am Donnerstag habe ich aber keine Zeit. Am Abend sehe ich zu Hause fern oder lese ein Buch.

3 Clara

Hallo, ich heiße Clara. Ich gehe auf das Brentano-Gymnasium. Ich fahre jeden Morgen mit dem Fahrrad zur Schule. Der Unterricht beginnt um 8 Uhr und hört um 13.30 Uhr auf. Nach der Schule mache ich Hausaufgaben und um 17 Uhr treffe ich meine Freundinnen. Ach ja, am Abend spiele ich gern am Computer.

4 Finn

Servus, ich heiße Finn. Ich gehe in die Klasse 8a. Schule ist okay, aber Freizeit finde ich besser. Aber ich gehe auch am Nachmittag in die Schule. Da habe ich Medien-AG und das ist super. Und jeden Mittwoch von 16 bis 18 Uhr übe ich Klavier. Musik machen finde ich besser als Sport.

Test 8
13

Aufgabe 1

Hi, ich heiße Annika. Ich bin 14 Jahre alt und gehe in Marburg ins Gymnasium. Ich gehe gern zur Schule, aber ich bin lieber zu Hause. Am Nachmittag haben wir, also meine Geschwister und ich, viel Spaß. Ich habe einen Bruder und eine Schwester. Mein Bruder heißt Tom. Er ist 15 Jahre alt und ziemlich cool. Meine Schwester ist noch klein. Sie ist 8 Jahre alt und heißt Maren. Tom und ich spielen nicht so gern mit ihr. Wir gehen lieber schwimmen und ich spiele auch gern Klavier. Meine Familie spielt gern Tennis, ich finde Tennis langweilig. Haustiere haben wir leider nicht. Ich liebe Tiere, aber meine Eltern mögen keine Haustiere. Ach ja, meine Mama heißt Gabi und mein Papa heißt Rolf.

Aufgabe 2
14

1 Räum bitte jetzt dein Zimmer auf!
2 Bitte wiederholen Sie das!
3 Kinder, beeilt euch!
4 Erklären Sie das bitte noch einmal!
5 Schlaf gut!
6 Mach bitte die Musik leise!
7 Kommt doch mit ins Schwimmbad!

Test 9
15

Aufgabe 1

A

Hallo Julia, hier ist Urs. Leider kann ich am Samstag nicht zu deiner Geburtstagsparty kommen. Mein Bauch tut weh und Kuchen darf ich nicht essen. Ich rufe dich am Montag wieder an. Viel Spaß!

B

Hallo Julia, hier spricht Anke. Du feierst am Samstag deinen Geburtstag? Klasse! Aber um 18 Uhr kann ich nicht, da habe ich Klavierunterricht ... bis 19 Uhr. Ähm, also ich kann dann erst um 20 Uhr kommen. Gibt es Saft und Cola? Und Chips? Hm, ich bringe einen Kuchen mit. Ach ja, und ich bringe auch meinen Hund mit. Okay? Er ist ganz lieb! Bis bald!

C

Hallo Julia, hier ist Michael. Vielen Dank für die Einladung! Schade, aber ich kann leider nicht kommen. Meine Mutter hat am Samstag auch Geburtstag. Sie macht eine Gartenparty. Ich muss zu Hause bleiben und helfen. Aber vielleicht können wir am Mittwoch ins Kino gehen. Oder musst du für den Mathetest lernen? Ich rufe dich am Montag an.

16 Test 10

Aufgabe 1

Gespräch 1

○ Hallo Stefanie! Kannst du mir etwas über deine Stadt erzählen?
● Ja klar! Also, ich oder besser meine Eltern und ich, wir wohnen im Zentrum.
○ Wohnst du gern im Zentrum?
● Ja, das ist super! Alles ist ganz nah: ein Supermarkt, die Bäckerei, ein Eiscafé … und in fünf Minuten bin ich im Kino.
○ Ist deine Schule auch im Zentrum?
● Nein, leider nicht.
○ Und wie kommst du zur Schule?
● Hm, mit dem Fahrrad kann ich leider nicht fahren. Das ist zu weit. Ich nehme den Bus.
○ Und wo kannst du Sport machen?
● Sport mache ich nur in der Schule. Im Zentrum gibt es keinen Sportplatz. Aber in der Schule haben wir am Mittwoch Tennis-AG.

Gespräch 2

○ Hallo Jan! Kannst du mir etwas über deinen Schulweg erzählen?
● Klar! Also, die Schule ist in der Stadt. Ich gehe nicht gern zu Fuß. Ich nehme das Fahrrad. Zuerst fahre ich geradeaus bis zur Goethestraße, da biege ich links ab. Dann kommt die Post und da ist auch meine Schule.
○ Gibt es auch einen Bus?
● Ja, das sind vier Stationen. Ich nehme lieber das Fahrrad, aber manchmal fahre ich auch mit dem Bus.
○ Und wo ist eine Bushaltestelle?
● Das ist nicht weit. Schauen Sie, ich wohne hier. Das ist die Beethoven-Straße. Zuerst gehe ich links, dann geradeaus und dann kommt eine Kreuzung. Da hält auch der Bus.

17 Test 11

Aufgabe 1

○ Es ist gleich zwei Uhr. Ich habe Hunger. Kommt, wir essen etwas.
● Schon zwei? Okay, ich habe auch Durst. Schaut, hier ist eine Cafeteria. Mal sehen, was es gibt.
○ Hamburger, Pizza, Suppe, Pommes frites, Salat, Currywurst … Hm.
□ Lecker! Was nimmst du, Daniel?
○ Also, ich möchte eine Cola und ich esse einen Salat. Ich liebe Salat! Und du, Lukas? Was willst du essen?
● Ich mag keinen Salat! Aber vielleicht gibt es auch ein Fischbrötchen.
○ Das ist sehr teuer, schau mal: Fischbrötchen 6,30 Euro. Nimm lieber ein Stück Pizza, Lukas. Das kostet nur 3 Euro.
● Gut, dann nehme ich Pizza und trinke einen Apfelsaft. Und du, Anna, nimmst du auch einen Apfelsaft? Oder ein Mineralwasser?
□ Nein, ich habe keinen Durst. Und Pizza hatte ich schon gestern. Ich möchte nur ein Stück Schokokuchen.
▷ Guten Tag, möchtet ihr bestellen?
○ Ja, also ich …

Aufgabe 2 18

1

○ Wir fahren im Urlaub nach Österreich.
● Klasse, ich liebe die Berge! Und wohin fahrt ihr genau?
○ Nach Klagenfurt.
● Aha! Und wo ist das?
○ Im Süden von Österreich. Italien ist nicht weit.

2

○ Schau mal, das Schloss auf der Postkarte!
● Oh, schön! Wo ist denn das?
○ Das ist das Heidelberger Schloss.
● Und wo ist Heidelberg?
○ Hier, eine Karte: Europa, Deutschland, Heidelberg!
● Ah ja, Heidelberg ist also im Süden von Deutschland.

3

○ Kennst du Dresden?
● Nein, warum?
○ Meine Eltern fahren am Wochenende nach Dresden. Sie finden die Stadt sehr schön.
● Ist das nicht in der Schweiz?
○ Dresden? In der Schweiz? Nein, Dresden liegt im Osten von Deutschland.

4

○ Lausanne ist in der Schweiz, oder?
● Keine Ahnung!
○ Papa, ist Lausanne in der Schweiz oder in Österreich?
□ In der Schweiz natürlich!
● Und wo genau?
□ Im Westen, am Genfer See!
● Danke!

Test 12 19

Aufgabe 1

○ Hallo Jens, hast du einen Traumberuf?
● Traumberuf? Hm, ich weiß nicht. Ich weiß nur: Bäcker möchte ich nicht werden.
○ Aha. Und warum?
● Mein Papa ist Bäcker. Er muss jeden Tag sehr früh aufstehen. Ich schlafe aber gern lang.
○ Und wie sieht dein Tag aus?
● In der Woche stehe ich immer um 7 Uhr auf. Die Schule beginnt um zehn vor acht und ich will nicht zu spät kommen. Zum Glück ist mein Schulweg nicht weit.
○ Was machst du am Nachmittag?
● Das ist nicht jeden Tag gleich. Manchmal treffe ich meine Freunde, oft mache ich Sport und manchmal spiele ich Gitarre. Jetzt suche ich einen Job. Ich

möchte Geld verdienen. Dann kann ich mir endlich einen iPod kaufen.

Aufgabe 2

20 1 Mein Beruf? Ich arbeite in der Schule. Geografie ist mein Fach. Meine Schüler sind sehr nett.
2 Sind deine Zähne okay? Oder hast du oft Schmerzen? Ja? Dann kommst du am besten schnell zu mir.
3 Ich arbeite zu Hause. Ich habe drei kleine Kinder. Was ich mache? Ich koche, bringe die Kinder zur Schule …
4 Ich arbeite im Theater. Ich liebe meinen Beruf! Shakespeare, Lessing, Molière oder Ionesco …

Modelltest „Fit in Deutsch 1"

21 Hören
Dieser Test hat zwei Teile. Lies zuerst die Aufgaben, höre dann den Text dazu. Schreibe am Ende deine Lösungen auf den Antwortbogen.

Teil 1

Du hörst drei Nachrichten am Telefon. Zu jeder Nachricht gibt es Aufgaben. Kreuze an: a, b oder c. Du hörst jede Nachricht zweimal.
Beispiel: Wann beginnt das Kino?

Hallo Thomas, hier ist Malte. Das Kino beginnt heute um 18.30 Uhr. Komm mit! Der Film ist super und Jana und Bettina kommen auch. Ruf mich an! Ich bin bis halb sechs zu Hause.

Lies die Aufgaben 1 und 2.
22 Jetzt hörst du die erste Nachricht am Telefon.

Guten Morgen Caro, hier ist Sandra. Ich mache am Samstag eine Party bei mir zu Hause im Garten. Alle bringen etwas mit. Ach ja, wir fangen um 16 Uhr an und Markus kommt auch, aber erst am Abend. Kommst du? Ruf mich an oder nein, … schreib mir eine SMS. Ich bin in der Schule und mache jetzt das Handy aus.

Du hörst die erste Nachricht noch einmal. Markiere dann die Lösung zu Aufgabe 1 und 2.

Lies die Aufgaben 3 und 4.
23 Jetzt hörst du die zweite Nachricht am Telefon.

Hi Sascha, hier ist Julian. Ich habe Bauchschmerzen, deshalb war ich heute nicht in der Schule und gestern nicht beim Tennis. Ich gehe heute Nachmittag auch nicht Fußball spielen, tut mir leid. Aber vielleicht geht es mir am Samstag wieder besser und wir können schwimmen gehen. Hast du Lust? Ich rufe dich am Freitag an.

Du hörst die zweite Nachricht noch einmal. Markiere dann die Lösung zu Aufgabe 3 und 4.

Lies die Aufgaben 5 und 6.
24 Jetzt hörst du die dritte Nachricht am Telefon.

Hallo Julia, hier ist Marie. Sag mal, hast du mein Deutschbuch? Ich finde es nicht! In der Schule war es noch da und jetzt ist es weg. Schau bitte mal in der Schultasche und ruf mich an. Wir schreiben doch morgen den Test! Ach ja, ruf auf dem Handy an, ich bin bei Oma und komme erst spät nach Hause.

Du hörst die dritte Nachricht noch einmal. Markiere dann die Lösung zu Aufgabe 5 und 6.

Teil 2

Du hörst zwei Gespräche. Zu jedem Gespräch gibt es Aufgaben. Kreuze an: richtig oder falsch. Du hörst jedes Gespräch zweimal. 25
Beispiel: Leon und Stefan wollen am Dienstag lernen.

● Hallo Stefan, wie geht es dir?
□ Gut! Aber ich muss viel lernen. Ich schreibe am Donnerstag einen Test in Bio.
● Kein Problem, wir lernen einfach zusammen. Ich helfe dir. Ich habe in Bio super Noten. Hast du am Dienstag Zeit?
□ Am Dienstag? Um wie viel Uhr?
● Um drei Uhr.
□ Okay, bis dann.

Lies die Sätze 7, 8 und 9.
Jetzt hörst du das erste Gespräch. 26

○ Hallo Karla!
▷ Oh, hallo Paul. Na, was machst du in den Ferien?
○ Zuerst bin ich zwei Wochen zu Hause und dann fahre ich nach Frankreich.
▷ Frankreich! Super! Fährst du ans Meer?
○ Nein, ich mache eine Radtour an der Loire.
▷ Das ist eine super Idee. Ich möchte auch Sport machen. Aber meine Eltern wollen in Museen und ins Theater. Deshalb fahren wir nach Berlin.
○ Und wo übernachtet ihr dort? Im Hotel?
▷ Nein, meine Tante wohnt in Berlin. Da übernachten wir. Sie hat eine Wohnung im Zentrum und sie ist supernett.

Du hörst das erste Gespräch noch einmal. Markiere dann für die Sätze 7, 8 und 9: richtig oder falsch.

Lies die Sätze 10, 11 und 12.
Jetzt hörst du das zweite Gespräch. 27

● Hallo Anna, hier ist Sibylle.
□ Hallo Sibylle.
● Wo warst du? Warum warst du heute nicht in der Schule?
□ Ich war beim Arzt, ich hatte Kopfschmerzen. Wie war der Mathetest?
● Oh, er war nicht leicht. Und wie geht es dir jetzt?
□ Gut, morgen gehe ich wieder zur Schule. Ich will doch am Samstag auf das Konzert von den „Mischka-Singers". Kommst du mit?
● Super Idee! Fährst du mit dem Fahrrad?
□ Nein, das ist zu weit. Ich nehme den Bus. Und Papa holt mich nach dem Konzert ab. Wir können dich mitnehmen.
● Okay, genial. Bis morgen!

Du hörst das zweite Gespräch noch einmal. Markiere dann für die Sätze 10, 11 und 12: richtig oder falsch.

Schreibe jetzt deine Lösungen 1 bis 12 auf den Antwortbogen. Ende des Prüfungsteils Hören.

Antwortbogen

Antwortbogen

Frau / Herr
Familienname ______________________
Vorname ______________________
Geburtsort/-datum ______________________

Hören

Teil 1				Teil 2		
1	a	b	c	7	richtig	*falsch*
2	a	b	c	8	richtig	*falsch*
3	a	b	c	9	richtig	*falsch*
4	a	b	c	10	richtig	*falsch*
5	a	b	c	11	richtig	*falsch*
6	a	b	c	12	richtig	*falsch*

Lösungen 1–12:

x 1,5 Punkte: ______

Lesen

Teil 1				Teil 2		
1	a	b	c	7	richtig	*falsch*
2	a	b	c	8	richtig	*falsch*
3	a	b	c	9	richtig	*falsch*
4	a	b	c	10	richtig	*falsch*
5	a	b	c	11	richtig	*falsch*
6	a	b	c	12	richtig	*falsch*

Lösungen 1–12: ______

Von Prüferin/Prüfer auszufüllen!

Schreiben

Die Aufgabe ist	voll erfüllt	gut erfüllt	teilweise erfüllt	nicht erfüllt
Kommunikative Gestaltung/Inhalt und Umfang	3	2	1	0
Formale Richtigkeit	3	2	1	0

x 2 Punkte: ______

______

Ergebnis Schriftliche Prüfung